走进农村地区高中学生心理世界

吴 军 著

湘潭大学出版社

图书在版编目（CIP）数据

走进农村地区高中学生心理世界 / 吴军著 . -- 湘潭：
湘潭大学出版社，2022.5
ISBN 978-7-5687-0747-3

Ⅰ . ①走… Ⅱ . ①吴… Ⅲ . ①农村－高中生－心理健
康－健康教育－研究 Ⅳ . ① G444

中国版本图书馆 CIP 数据核字（2022）第 059796 号

走进农村地区高中学生心理世界

ZOU JIN NONGCUN DIQU GAOZHONG XUESHENG XINLI SHIJIE

吴军 著

责任编辑： 夏 露 王亚兰
封面设计： 夏茜旸
出版发行： 湘潭大学出版社
社　　址： 湖南省湘潭大学工程训练大楼
电　　话： 0731-58298960 0731-58298966（传真）
邮　　编： 411105
网　　址： http://press.xtu.edu.cn/
印　　刷： 广东虎彩云印刷有限公司
经　　销： 湖南省新华书店
开　　本： 710 mm×1000 mm 1/16
印　　张： 12
字　　数： 190 千字
版　　次： 2022年5月第1版
印　　次： 2023年1月第1次印刷
书　　号： ISBN 978-7-5687-0747-3
定　　价： 58.00 元

前　言

青春期是儿童发育到成人的重要转折时期，此时的心理健康对于培养独立健全的人格、形成自信自强的精神品质、树立理想信念和生活目标都至关重要。近年来，我国青少年心理健康问题以及引发了社会的高度关注，一些青少年出现焦虑、抑郁等情绪，严重影响了他们的生活和学业，个别甚至发展成精神疾病。

青少年心理健康问题成为热门话题，凸显出的青少年心理健康状况不容忽视。

2019年，联合国儿童基金会和世界卫生组织联合发布一组数据：目前全球12亿10至19岁青少年群体中，约20%存在心理健康问题；10至19岁青少年群体遭受的疾病和伤害中，约16%是由心理健康问题引发；在中低收入国家，10至19岁青少年中约15%曾有过自杀念头；在15至19岁的青少年群体中，自杀已经成为第二大死亡原因。

而我国的青少年心理健康问题也不乐观，调查数据显示，近三成14至35岁青年有抑郁风险；中学生的重度焦虑比例更高。这一现象现已引起了党和国家的高度重视。

习近平总书记在十九大报告中指出，要加强社会心理服务体系建设，培育自尊自信、理性平和、积极向上的社会心态。国家的发展本质上是人的发展，人的发展离不开心理健康。2018年，中国青少年研究中心和共青团中央国际联络部发布的《中国青年发展报告》蓝皮书显示，我国17岁以下儿童青少年中，约3000万人受到各种情绪障碍和行为问题的困扰。根据世界卫生组织预测，到2020年以前，全球儿童心理障碍还会增长50%，将成为致病、致残、致死的主要原因之一。

心理健康，特别是儿童青少年心理健康，已成为日益突出的重大公共卫生问题。2019年7月发布的《健康中国行动（2019—2030年）》提出开展心理健康促进行动、中小学健康促进行动，其中就儿童青少年心理健康问题专门制定了面向2022年、2030年的阶段性目标。其中，到2022年，配备专兼职心理健康工作人员的中小学校比例要达到80%以上。

笔者以农村地区学生为研究对象，以益阳市第十五中学为研究个案，调查农村地区高中学生心理健康状况，真实展现他们的心理问题，分析问题成因并研究解决方案。益阳市第十五中学地处益阳市赫山区兰溪镇莲花塘村，属于农村普通高级中学。益阳市第十五中学95%的学生来自农村，属农村户口。

本书从积极心理健康教育的角度出发，充分阐述农村地区高中生普遍存在的心理问题，利用积极心理健康教育的价值，不断完善学校对农村地区高中生开展积极心理健康教育的方法和建议，从而为解决农村地区高中生心理健康问题提供新的探索途径。

党和国家已经开始正视并着手寻找解决方案，从更高层面重视心理健康问题，相信会让更多家庭、学校和孩子从中受益。作为教育工作者，更加坚定了从业信心，鞭策我们扎根服务，打造扎实的校园心理健康服务基础能力。

该书属湖南省教育科学研究工作协会重点课题《农村高中学生心理健康相关问题研究》成果（课题编号：XjKX21A154）。

目　录

第一章　心理健康概述

第一节　什么是心理健康

健康不仅包括生理健康，还包括心理健康。世界卫生组织（WHO）1948年在《组织法》中提出的“健康”（health）定义引用最为广泛，影响堪称最大。其内容为：健康不仅为疾病或羸弱之消除，而系体格、精神，与社会之完全状态（Health is a state of complete physical，mental and social well－being and not merely the absence of disease or infirmity）。①

从广义上讲，心理健康是一种持续高效而满意的心理状态；从狭义上讲，心理健康是指认知、情感、意志、人格和行为等基本心理活动的完整和统一，是能够形成完善协调的人格，并能对社会环境适应良好的心理状态。WHO 对心理健康的定义是：个体体系已认识到自己的潜力，有能力应对正常的生活压力，并能够富有成效地进行工作，且能对为其所在的社区做出一份贡献的幸福状态。心理健康的个体不仅有生命力，社会适应良好，而且心理状态积极，可以较好地发挥其身心潜力，表现出积极的社会功能。②

---

① 中译见世界卫生组织的中文官方网站：The World Health Organization. http：//www. who. int/suggestions/faq/zh/index. html.

② 高原. 儿童青少年心理健康问题的评估及其健康效应研究［D］. 中国医科大学. DOI：10. 27652/d. cnki. gzykn. 2021. 000479：1.

著名健康学者马斯乐曾经指出，“心理健康比生理健康更重要。”可以说，要想拥有真正的健康，心理健康是不可或缺的重要组成部分，对于一个人来说具有重要的意义。它对于促进生理健康、保证个体行为健康、增强个体对于环境的适应能力有着非常重要的作用。

首先，心理健康对生理健康有很大的促进作用。

有人认为生理健康和心理健康毫无关联，其实不然。生活中，两者是相互联系、相互作用的，尤其是心理健康，时时刻刻都在影响个体的生理健康。据调查，有三分之二的疾病发生和个体心理因素相关。如果个体性格孤僻，长期处于抑郁状态，很可能影响身体内的激素分泌，使抵抗力降低，导致体虚多病。如果总是疑神疑鬼，感觉这也不舒服，那也不对劲，整天郁郁寡欢，怀疑自己得了病，长此以往，疾病真的会“随心而至”。健康的心理对于保持身体健康十分重要。

其次，心理健康会影响到个体的行为健康，并关系到个体的生活质量。

随着社会化程度不断提高，生活节奏越来越快、竞争压力越来越大，个体之间收入、社会地位的差异也越来越显著。在这种高效、高压、复杂多变的社会环境中，许多人开始出现烦躁、焦虑、抑郁、强迫、恐惧等种种心理问题，这些心理问题破坏了个体的生活质量，表现为长期苦闷、频繁失眠、借酒浇愁、情绪暴躁、冲突频发等状况，少数人因为绝望或者敌对、失意等情绪走上了自杀或者犯罪的道路。由此可见，心理健康对个体行为健康和生活质量的影响巨大。

最后，心理健康是事业成功的重要保障。

心理健康决定着个体的心理素质，只有心理素质过关，个体才能拥有乐观向上、积极进取的生活态度，保证工作任务的正常完成和事业的不断发展，拥有良好的抗压能力，有勇气和能力面对挫折，才可能有所成就。所以，要成就事业，取得成功，就一定要拥有健康的心理。在日常生活中，时刻注意陶冶情操，开阔心胸，让自己处在愉悦轻松的生活和工作环境中。在出现心理问题时，要及时进行自我调适，必要时进行心理咨询或者接受心理治疗，以确保身心的全面健康。

第二节 心理健康的等级划分与亚心理健康

一、一般常态心理

表现为长期保持着心情的轻松愉悦，和他人相处时和谐自然，适应能力和自我调整能力都非常强，能较好地完成与同龄人发展水平相对应的活动。

二、轻度失调心理

表现为不能保持常态心理者应有的愉快心情，人际交往中略感困难，自我调整能力弱，工作生活中独立性较差，稍遇挫折就滋生抑郁、压抑等消极心理状态。这种心理通常经过自我主动调整或专业人员帮助便能恢复常态。

三、严重病态心理

表现为严重的适应失调，无法进行正常的生活和工作。此种心理状态需要及时进行心理咨询和治疗，否则极有可能会恶化成为精神病患者。同时，需要注意：虽然心理健康水平被分为不同等级，但由于心理健康与病态心理只是程度不同，差异并不明显，所以界限非常模糊，难以界定。另外，判断个体心理是否健康，一定要以近一段时间的心理状态为依据。因为心理健康状态是动态变化的，虽然与过去和未来都有一定的联系，但是不能代替。

那么什么是亚心理健康呢?

亚心理健康状态又称心理的“第三状态”，是介于心理健康和心理疾病之间的一种心理状态，在正常人群中尤其常见，又被人称为“心理感冒”。亚心理健康状态在心理学上的定义是：没有心理障碍与疾病，但又感觉心理不健康。他们通常缺乏幸福感，总是处于一种无望、无助、无力的心理境地。

根据美国心理学家梅尔斯对“第三状态”的论述，能够大体推测出亚心理健康状态的产生过程：由于个体心理因素（例如过于好胜、孤僻、敏感等）、生理因素（例如加班疲累、生病、经期等）或者外界环境因素（例如工作压力大、晋升失败、薪水低、婚恋挫折、受到上司或者客户指责等）等，使得个体的种种精神需求在现实生活中遇挫，从而在内心产生思想冲突和矛盾斗争等紧张情绪，这种情绪反映出来就是亚心理健康状态。在临床上，亚心理健康状态表现为经常感到心慌、气短、疲累、乏力、经常性头痛；而在心理学上，则表现为注意力不集中、记忆力减退、失眠多梦、反应迟钝、情绪低落、精神不振等。

现实生活中，许多"正常人"都处在亚心理健康状态。最新研究表明，现代社会60%～70%的人都不同程度地患有这种"心理感冒"，主要症状表现为当人们在社会生活中的各种欲望和精神需求遇到种种困难和挫折时，所产生的各种内心矛盾冲突、思想斗争的紧张情绪的反应状态①。亚心理健康状态还达不到心理疾病的程度，相比心理疾病，它具有以下几个特点：

（1）一般持续时间较短，大部分人能够在一周内得到缓解。

（2）对社会功能影响较小，损害非常轻微。亚心理健康者只是在日常生活中缺少幸福感，一般都能进行正常的工作、学习和生活。

（3）这种状态通常能够通过自我调整（如钓鱼、休假、旅游等休闲方式）得到改善。小部分人长时间处于此种状态不得缓解，可能会形成一种相对固定的状态。这就需要及时就医，防止进一步恶化。

第三节　心理平衡与精神疾病

心理平衡观在中国传统文化中有着悠久的历史根源。② 中国人素来讲究平衡之道，所谓的"心理平衡"，就是指人们面对生活中的得失、宠辱、成败等，用升华、外化、幽默、合理化等手段调整自身的心态和认知，以求达到

① 钱程佳．心理感冒［J］．中国民族民间医药，2010，19（02）：40.
② 孟万金．心理平衡的积极心理健康教育的心理健康观新解［J］．中国德育，2014（20）：6－8.

一种内外和谐、“宠辱不惊”的平衡状态。心理平衡并不是指一定要心如平镜，更不能解释成麻木不仁。心理平衡是一种理性的平衡，它来源于人格的升华和心灵的净化，体现了个体的宽宏、远见和睿智。

心理平衡就是通过自我调整，适度地表达和控制自己的情绪，使个体能够始终保持轻松愉悦的良好心境，这本身就在心理健康的范畴，是心理健康的基础。之所以这样说，主要是因为：

（1）时刻保持心理平衡，心境良好，在对自我的认知上就不会出现夸大或者贬低等扭曲现象，能杜绝自负自卑或者自厌自弃等不健康的心理因素。如此一来，个体才能做到充分了解自己，对自己的能力作出恰如其分的判断；才能保持自爱、自尊、自信、自强等积极健康的心理素质，做到真正的悦纳自我；才能保持完整和谐的个性，塑造出健康向上的人格。

（2）保持心理平衡、心境平和，个体才能正视现实、接受现实，能制定出切合实际的生活目标。个体能够更好地处理由自身命运起伏或者外界环境变化滋生的自负、自卑、不满、愤怒、压抑、苦闷、担心甚至敌对等情绪，从而有效预防抑郁、焦虑、自闭、强迫、恐惧、偏执等心理疾病。

（3）保持心理平衡、心境平和，能接受他人，善与人相处，从而保持良好的人际关系，与外界环境和谐相处，不致产生自闭、强迫、恐惧、偏执等心理疾病，做到真正的心理健康。

（4）心理平衡可以让个体时刻保持积极乐观的生活状态，热爱生活，善于学习，乐于工作，以饱满的精神状态度过每一天。

（5）保持心理平衡、心境平和，才能在现有境遇的基础上使个体的幸福感达到最大。

许多人把心理不健康和精神病画上等号，认为走进心理咨询室就是去治疗精神病。这种认识失之毫厘，谬以千里。

心理健康是一种持续性、高效且满意的精神状态。心理健康与否是一个变化的过程，根据程度轻重不同，心理疾病分为亚心理健康、心理异常和精神病。在成长的各个阶段及工作生活的各个方面，每个人都可能因为各种因素导致消极情绪、产生心理问题或者心理障碍等，但这并不表示个体患有精神病。这些问题是日常生活中经常出现的，只要能及时正确处理，通过自我调整或者心理咨询等就可以轻易地解决。我们不能把进行心理咨询与治疗精神病混为一谈，讳疾忌医，以免心理问题持续下去，不断恶化，最终真的发展成为精神疾病。

第四节　心理咨询与心理疏导

心理咨询，是指心理咨询师协助求助者解决心理问题的过程。在这一过程中，心理咨询师运用心理学的原理和方法，帮助求助者发现自身的问题和根源，从而挖掘求助者本身潜在的能力，来改变原有的认知结构和行为模式，以提高对生活的适应性和调整周围环境的能力。

心理咨询的对象主要分为三类：

（1）精神正常，但在现实中遇到了与心理有关的问题并请求帮助的人群。

（2）精神正常，但心理健康水平较低，出现心理异常和心理障碍等心理问题并请求帮助的人群。

（3）特殊对象，即临床治愈的精神疾病患者。

针对求助者心理健康发展水平的等级不同，心理咨询分为以下三类：

（1）发展性咨询。咨询对象是一般常态心理者。这类人群心理基本健康，无明显的心理冲突，基本适应环境。其咨询目的是能够更加客观地认识自己，从而更好地开发潜能，扬长避短，以求完善自身、高效发展，有效提高生活质量和人生幸福感。

（2）适应性咨询。咨询对象是轻度失调心理者。这类人群心理基本健康，但在工作、学习、生活中存在各种困扰，有明显的心理矛盾和冲突。其咨询目的是排解心理困扰，减轻心理压力，提高适应能力。

（3）障碍性咨询。咨询对象是严重病态心理者。这类人群已经出现明显的心理障碍，无法进行正常的工作和生活。其咨询目的是克服障碍，缓解症状，恢复心理平衡。这类问题通常需要系统的心理咨询和心理治疗。

在现实生活中，心理咨询针对的并不是所谓的“病态人群”，而是那些健康人群，或者是存在一定心理异常的亚健康人群。而病态人群如精神分裂、焦虑、狂躁等精神疾病患者主要是精神科医生的工作对象。心理专家陈智雄曾经说过，健康人群在面对诸如婚姻、家庭、择业、亲子关系、子女教育、人际关系、学习、恋爱、性心理、自我发展、焦虑、抑郁、压力应对等问题时，他们期待做出理想的选择，顺利度过人生的各个阶段，求得内心平衡，以及自身能力的发挥和寻求良好的生活质量。这时他们就可以寻求心理咨询的帮助。

当今社会，随着生活质量的提高以及心理卫生知识的普及，心理咨询已为越来越多的人所接受。寻求心理咨询师的帮助，就像生活中找律师和金融理财师一样，都是为了解决生活中遇到的各种困难，从而提高生活品质。而个体心理状态健康时也可以找心理咨询师帮助，这个时候，不再关注问题的处理，而是为了更加积极地面对生活，更有幸福感，从而有效预防各种心理问题的出现。

那么什么是心理疏导呢?

所谓心理疏导，是指心理咨询师对心理不健康的个体自身在诊疗过程中产生积极影响，对其纠缠多时的心结或者持续很长时间的心理异常进行疏通引导，从而达到预防和治疗心理疾病，保持个体心理健康的诊疗效果。

在心理疏导疗法中，语言是基本工具。存在心理问题（泛指各种亚健康心理症状、轻度心理失常、心理障碍等各种心理不健康症状，程度可轻可重，是一个比较笼统的概念）的求助者，在不同的病情阶段，心理医生以准确、鲜明、灵活、亲切、恰当的语言分析其心理问题的病源、形成和发展过程、本质和特点，帮助求助者找到战胜心理问题的方法，激励求助者自我领悟、自我认识和自我矫正，从而促进其自身心理病理的转化，并使得各种心理问题症状不断减轻、缓解并最终得以消除。此外，还要帮助求助者认清心理疾病产生和发展的规律，帮助改造其个性缺陷，提高个体心理应激反应的能力，以求巩固疗效。

几种简便、易操作的自我心理疏导方法介绍如下：

1. **自我放松**

找一个安静的环境，以舒适的姿势坐下，轻轻闭上双目，放松全身肌肉，用鼻子缓慢地呼吸，在吸气的同时默念“七”，再次呼气时微微张开双唇同时默念“抚”字，努力将注意力集中在“七”和“抚”字上，对脑海中涌现出的种种干扰，不要理会。反复进行上述过程，每次可持续10分钟，每天可做2~3次，直到不再紧张为止。

2. **倾诉宣泄**

在自己坐的椅子对面放一把椅子，想象对面椅子上坐着自己的某个亲人或朋友，把想说的话和情感进行表达和倾诉，从而使自己压抑在心中的情感得以释放，心情就会慢慢好转起来。

3. **自我对话**

面对面放两把椅子，自己先坐在一把椅子上，扮演自己的一个“子人格”，想尽一切理由去责怪自己；然后再坐到另外一把椅子上，扮演自己的另一个“子人格”，为自己的行为进行辩护。多次反复进行对话，从而达到内心的宁静和统一。

第二章　农村地区高中生的常见心理问题及外在表现

第一节　如影随形的焦虑抑郁

俗话说："人无远虑，必有近忧。"这本是古人告诫人们要有忧患意识，对事情要有长远的考虑，不能只顾眼前。但是对正值高中的学生尤其是农村学生来说，焦虑俨然成了一种普遍现象，每个人都有不同程度的焦虑感。从心理学的角度来说，焦虑是个体对即将来临的、可能会造成危险或威胁的情境所产生的紧张、不安、忧虑、烦恼等不愉快的复杂情绪状态。焦虑产生于危险不明确而又会来临时，人们对危险持有警戒态度，并伴随无助、不安、紧张、忧虑等心理状态。焦虑具有以下几个特征：

（1）焦虑是一种不愉快的情绪状态。焦虑如同喜怒哀乐一样，是人们共有的基本的情绪状态，只是这种情绪是不愉快的，是消极的，如提心吊胆、感到身心不安，甚至末日降临的感觉。

（2）焦虑是一种综合的情绪体验。焦虑是由紧张、不安、忧虑、烦恼、恐惧等多重感受交织在一起而形成的复合性情绪反应，是一种综合的情绪体验。

（3）焦虑是一种具有不确定性的情绪状态。焦虑是一种指向未来的具有不确定性的情绪状态，它意味着某种威胁、危险即将到来或者将要发生，但实际上并没有发生，即表现得"无中生有"；或者用合理的标准来衡量时，诱发焦虑的事情与焦虑的程度不相符，即表现得“小题大做”。

（4）焦虑会引起行为异常及身体不适。在焦虑体验存在的同时，人们常常会出现行为的异常，身体会有不适的特殊感觉，甚至伴有明显的身体功能障碍，可能表现为睡眠障碍，如失眠、梦魇等；或表现为胃肠不适、消化功能紊乱等。

焦虑是一种主观感受，人将注意力放在哪里，其精力和情感就会投入到哪里，因此，要想不受制于焦虑，就得将自己的注意力从焦虑的问题中转移出来。高中生正处于人生中最重要的阶段，青少年心理学之父霍尔曾用“暴风骤雨”来描述这一时期的青少年心理起伏跌宕、充满矛盾与冲突的发展特点。由青春期向青年期过渡的阶段，学生的身体机能会发生明显的变化，与之相应，心智也从不成熟走向成熟，但还未达到真正的成熟。因此，他们身上会出现各种烦心事和心理问题。而且，由于学习压力的增加，情绪情感变得敏感，人际关系变得紧张，这些都会使得高中生的心理健康问题比小学生和初中生更加突出。从已有实证研究来看，部分农村地区高中生家庭经济条件不好，父母文化水平不高，他们的心理健康问题经常被父母忽视。相对于城市高中生，农村地区高中生的心理健康水平总体较差，心理问题十分复杂多变，经常表现为心灰意冷、萎靡不振、神经过敏、讷口少言。

笔者曾经有一个学生，她在升学考试中考取了年级第三的好成绩。因为她的优秀，其他学生很难不关注她，但很不幸的是，这种关注加重了她原本就不小的心理压力。在一次很重要的模拟考试中，笔者作为监考老师发现在考试铃还没打响的时候，这个学生就出现了坐立不安的情绪，在后续的答题过程中更是每隔三分钟就要抬头看一下时钟。这样的紧张情绪严重地影响了她的发挥，在临近交卷的时候，她竟出现了呼吸急促、大汗淋漓的情况。那一刻，焦虑就像流沙，越挣扎陷得越深。

意料之中的，这次很重要的模拟考试她的成绩很不理想，笔者试图安慰她，但焦虑抑郁就像是一堵墙，把人推得很远很远。她最终还是对自己失去了信心，被焦虑和抑郁压垮，选择了逃避，对考试也不在乎了。

这是高中生常见的考试焦虑问题，是与考试环境有关的特殊焦虑类型，是个体面对考试情境而产生的，以担心、紧张或忧虑为基本特征的复杂的情绪反应状态。适度的考试焦虑可以帮助学生维持兴奋状态，在考试中更好地发挥自己的水平。过度的考试焦虑不利于学生在考试中正常发挥，甚至会影响学生的身心健康。经研究发现，高中生的总体考试焦虑水平偏高，中度考试焦虑与高度考试焦虑占了大多数。

学习上的焦虑和压力给学生带来了很多无意义的焦虑抑郁情绪。而且，农村父母文化水平普遍较低，经济条件较差，也会导致学生情绪低落困惑，产生明显的自卑感、焦虑感，长久的自卑使一些农村地区高中生的心理逐渐地转向忧郁，形成一种“我不如人”的思维定式，经常处于悲观消极、垂头丧气、闷闷不乐的情绪中，导致他们进取心减退，对学习丧失斗志和信心，对生活丧失希望和信念，甚至自暴自弃。

尽管如此，目前很多农村地区高中生对焦虑的认识都存在一些误区，如认为焦虑症就是精神病，患上了焦虑症就代表自己存在人格缺陷，在某方面低人一等。其实，这种想法是极其错误的，焦虑只是人们的一种基本的情绪体验，即使感到焦虑或患有焦虑症，也不必因此而感到尴尬或内疚。积极地寻求帮助与治疗，才能摆脱焦虑的困扰。所以，正视焦虑感受，了解焦虑症的成因，扫除认识误区，才是正确的选择。

第二节　孤僻怯懦的自卑心理

孤僻怯懦表现为少言寡语和胆怯懦弱，这两种表现都是源于自卑的心理，是常见的青少年心理障碍。总的来说，孤僻怯懦是两种相生相伴的自卑心理，致使他们害怕在别人面前行动做事，语言表达迟缓。有时该话说到嘴边就哽塞起来，甚至连走路也不自然，显得十分拘谨，缺乏自信。课堂做作业时遮遮掩掩，生怕别人看见耻笑，每道题都需要与别人对答案才放心，每次考试成绩不敢如实向家长汇报，怕吃“白眼”，怕受训斥指责矮人三分，感觉前途渺茫从而失去信心。喜欢独居幽处，与别人交往少，孤僻寡言，意志消沉，无主见，随波逐流。笔者曾对农村地区高中学生作了抽样调查，发现存在此种心理障碍的学生不在少数，毕业班学生尤为突出。

在农村地区高中生群体中，与孤僻相生相伴的怯懦心理也很常见，有很多人认为怯懦是一种害羞的情绪，但事实上，这是两种不同源的心理状态，怯懦往往源于内心的自卑，而害羞是一种正常的情绪反应，和自卑心理并没有关系。例如，笔者在课堂上比较喜欢和学生进行互动，进而活跃课堂气氛，更好地拉近和学生的距离。但是在互动环节中发现，有很大一部分农村学生不善于表达自己，对于和老师的互动非常抵触甚至害怕，当自己没能第一时间做出正确反应时，就会产生强烈的羞怯情绪。这不仅不利于自身的学习，还在一定程度上影响了其在其他同学心中的形象，认为其自卑胆怯，难以交往。

怯懦心理还可以表现为对他人感到害怕，比较典型的就是“校园欺负”的问题，很多时候这种自卑怯懦的学生是那些欺负者首选的“猎物”。他们在受到不公平的待遇时，不敢发声也不敢反抗，只会默默承受，从而导致他们不健康的心理。

在青少年的不良性格研究中，有关青少年性格孤僻的研究并不多。然而，随着社会的迅速发展，各种不良环境、生活压力等都在冲击着年轻的一代，使得青少年产生这样或那样的心理问题。其中，性格孤僻的青少年与日俱增，成了我们不可忽视的社会现象。

由于父母长期外出打工，农村地区高中生会有被抛弃的失落感，他们孤僻的性格显得尤为突出。加上父母消极的教育方式、家庭经济条件相对不如城市学生，致使有的学生产生了孤僻的心理，不合群，不愿与同学、老师过多接触，对周围的人常有厌恶、轻视或防备心理。他们心理压抑苦闷、行为孤僻胆小，尤其与家庭经济条件比自己好或是学习比自己好的同学交往时，会表现出抵触心理，甚至会表现出奇怪反常的行为。还有的学生会表现出害怕挫折和失败，遇事不积极主动，易胆小退缩，学习上没有进取心，自信心不足，缺乏勇敢不服输的精神，意志力薄弱。

所谓孤僻，指不能与人保持正常关系、经常离群索居的心理状态，即常说的不合群。性格孤僻的青少年有一个突出的特点就是“离群索居”，他们十分缺乏与人交往的技巧，缺乏与他人交往的意愿，对周围人的猜疑和戒备心极强，生活中形单影只，心里常常充满寂寞与空虚感。性格孤僻的青少年经常将自己封闭起来，即使有人与他交往，也常常表现出退缩、回避，拒人千里之外。这不仅影响自身的正常生活和人格发展，还会影响集体的生活氛围，甚至影响整个社会的和谐发展。

1. 青少年性格孤僻对其自身的危害

性格孤僻给青少年的正常生活与学习带来了不利影响。性格孤僻的青少年常常将自己封闭起来，沉浸在自己的世界里，不与外人沟通和交流，有了问题不愿寻求帮助，甚至对别人的好意也常常曲解为讽刺或怜悯。性格孤僻的青少年其过强的心理戒备终会造成他们产生严重的心理问题，加之猜疑心强，过于敏感，他们很容易变得无人理睬、孤独烦躁、自卑、失落，甚者精神分裂、神经衰弱等。性格孤僻不仅不利于青少年的心理健康，也不利于青少年的生理健康。青少年还处在人生发展的起始阶段，这个阶段的性格特征决定了今后对人生、对世界的看法，决定了以后的人生发展。如果青少年性格孤僻而没有得到及时纠正和教育，必将对其今后的人生发展带来无数的困扰。

2. 青少年性格孤僻对他人的危害

每个人都生活在一个或几个集体中，同样，青少年也要生活在多个集体中，如学校集体、伙伴集体、家庭集体、社团集体等。性格孤僻的青少年常伴有猜忌、冷漠、自私、烦躁等心理特点，这会使集体中的其他成员感到十分压抑。有时考虑到性格孤僻青少年的种种反应，成员间即使进行一些正常谈话都非常谨慎，担心刺激到性格孤僻的同伴。同时，由于性格孤僻青少年的存在，集体中的其他成员关系可能变得僵化、刻板，从而影响整个集体的友好气氛。性格孤僻的青少年常对他人的意见漠不关心，不论是赞扬还是批评，均无动于衷，很少有情绪反应，这容易让人产生误会或矛盾，造成人际关系紧张及他人情绪焦虑等，给集体其他成员带来了苦恼。

3. **青少年性格孤僻对社会的危害**

青少年的身心健康问题关乎个人、家庭、社会能否和谐发展。人都是生活在社会中的社会人，没有一点社会关系的人几乎不存在。青少年性格孤僻不仅危害自身、他人，还危害社会的发展。青少年是一个年轻的群体，处于人生发展的黄金时期，代表着民族的未来和希望。拥有健康的身体和健全的心理，才能不断发展和完善自我，才能为国家、为社会贡献自己的力量。性格孤僻的青少年，难以成就自己的人生，更难以完成社会所赋予的使命，致使其无益于社会甚至危害社会。

农村地区高中生心理消极的、负面的问题不少，对学生成长影响巨大，作为教育从业者，要培养学生积极的心理素质，提高学生积极的情绪心态，促进其健康成长。

第三节　如魔鬼般的嫉妒虚荣

嫉妒心是指别人在某方面比自己出色，且认为别人的优势会损害自己的利益，因此在心里产生忌恨与不满。这种不良情绪往往会在侧面流露出来的。每个人都有嫉妒心理，只是嫉妒的程度不同而已，所以生活中嫉妒处处存在。

一些农村地区高中生家庭条件与城市高中生相比较差，他们把家庭条件不好当成了内心的隐痛点，为了进行自我保护，常常出现错位的嫉妒，具体表现为因不服而嫉妒。有的学生觉得自己在许多方面都要表现得比家庭富裕的同学好，一旦事与愿违，就会因不满而嫉妒。“拜金”和攀比会刺激他们产生不满的情绪，甚至产生敌意；而有的学生为了让别人看得起自己，有时会表现出比其他同学更大方，如果穿着土里土气的父母来学校，会感觉没面子，怕同学笑话自己；有时看到其他同学的东西很喜欢，特别想拥有，甚至会出现小偷小摸的不良行为。

其实，嫉妒是人的一种天性，在人际关系中较为普遍。一个人如果产生了嫉妒心理，就常常会以“自我”为中心，看不见别人的优势也发现不了自己的不足，满脑子想的都是为什么别人比自己出色，结果只能是自寻烦恼。如果让嫉妒的情绪在心中长存，那么嫉妒心理就会演变为嫉妒行为，最终会害人又害己。

现实生活中，不够成熟的青少年最容易产生嫉妒心理。每位青少年都有争强好胜的一面，要对自己的心理进行正确分析，如果处理不当，嫉妒心理就可能把青少年拉入地狱。嫉妒是阻碍青少年前进的拦路虎，嫉妒的人总是拿别人的优点来折磨自己。青少年们难免会遇到各种各样想不通的问题，这都是在所难免的，在遇到这种情况时，要及时排解掉内心的嫉妒情绪。

与嫉妒同源的一种心理状态是虚荣，《权子·顾惜》描述了孔雀爱尾的故事：一只雄孔雀的长尾闪耀着金黄和青翠的颜色，任何画家都难以描绘。它生性忌妒，看见穿着华美的人就追着啄他们。孔雀很爱惜自己的尾巴，在山野栖息的时候，总要先选择能搁置尾巴的地方才安身。一天雨水打湿了它的尾巴，捕鸟人就要到来，可是它还是珍惜地回顾着自己美丽的长尾，不肯飞走，终于被捉住了。这个故事告诉人们不要为了没有意义的美好外表形象而不惜牺牲自己的自由和生命。

如果把对一般毫无价值的东西的追求发展为似乎是美好的愿望时，虚荣便是自尊心的过分表现。农村地区高中生往往因为自卑而产生更加强烈的自尊心，在物质上存在严重的攀比心。除了物质上的攀比，不少农村地区高中生在学习成绩上也存在着不同程度的虚荣。他们常常通过和他人比较成绩来满足自己的虚荣心，总是喜欢以高高在上的姿态炫耀自己，而当他们有不会和不懂的问题时，又喜欢打肿脸充胖子，没有一个诚实、谦虚的态度。不懂装懂其实就是内心无知的表现，为了掩饰自己的无知，假装自己是个“专家”。也许开始的时候，人家还真以为你是个“专家”，可一开口说话，就会让人忍俊不禁。

孔子说：“三人行，必有我师焉。”没有人能门门学问都通，任何事情都了解，必然有很多需要学习和弥补的地方。而不懂装懂就像给不足之处盖上了一块遮羞布，施了障眼法，虽然能暂时挡住别人的视线，短暂地满足自己的虚荣心，但是终有一天会为自己的虚荣付出代价。一定限度的虚荣心是可以理解的，可是过分虚荣，小则导致道德沦丧，大则走向罪恶深渊。

当前，社会对人才的要求越来越高，高素质的综合性人才倍受欢迎。现在我国大力提倡的素质教育也就是要求所培养的人才能够更好地适应社会，满足社会发展的需要，可以说，树立青少年正确的世界观、人生观、价值观是一项长期而艰苦的任务。从这个角度出发，对于农村地区高中生的心理健康教育刻不容缓。引导农村地区高中生端正自己的世界观、人生观、价值观，提高农村地区高中生应对“虚荣心”的能力，提升心理健康水平，帮助他们正确认识和分析自身存在的虚荣心，认清虚荣心的危害，引导其将虚荣心转化为乐观向上的进取心，是每一个教育工作者肩上的使命。

第四节　不容忽视的偏执心理

偏执心理也是农村地区高中生群体中比较常见的心理问题。偏执类似于我们日常生活中所说的走极端，一般指遇到事情喜欢往极端的方面想，是一种妄想性质的脱离现实的心理疾病。有偏执心理问题的人往往有以下表现：

（1）十分敏感，对事物也容易产生多疑的情绪。他们在遇到事情时经常会有一些在正常人看来难以理解的想法，对别人的友好或者是无意的行为胡乱猜测或往坏的地方去想，甚至能够凭空想象出许多莫须有的事情，常常令他人无法理解。

（2）无故怀疑身边人做事的目的，怀疑别人对自己的情感，认为做任何事情一定是有预谋的“阴谋”。

（3）固执己见，对自己的想法十分执着，听不进去别人的意见和建议，并对反面的证据等也一概不予理睬，不予相信。

（4）极度自信、极度自负，遇到一点挫折又容易极度自卑，经常会无缘无故地感觉自己被人轻视或是被人敌视，有可能对对方进行反击。

（5）在工作或与人合作的时候经常会要求对方按照自己的想法去做，不相信别人。如果和别人发生争执，还很容易对别人记恨在心，并把错误和挫折归咎于他人。

那么，究竟是什么原因导致了这种偏执心理的产生呢？心理学家研究认为，偏执心理的产生与遗传因素和个人的生活环境有很大的关系。偏执型人格的人大多数临床表现为无自知之明，对其偏执行为持否认态度，固执、敏感多疑、过分警觉、嫉妒、自我评价过高、办事推诿、拒绝接受他人批评，对挫折和失败过分在意①。

首先是遗传因素，很多偏执心理病人的父母有类似的不健康心理状况，遗传因素对他们有很大的影响。其次是环境因素，虽然遗传因素有很大的影响，但是最主要的还是环境因素的影响。家庭的不良教育或父母的过分固执对孩子个性的形成也具有很大的影响。它们会让孩子变得固执己见、喜好争辩、无端猜疑、冷漠自负。而不好的家庭气氛（父母经常吵架）、学校的不良风气等都可能导致孩子偏执心理的产生。

这种偏执的性格对一个人的影响是很大的，主要表现为：一是严重影响情绪，使其无时无刻不在猜疑和不安中度过。二是严重影响人际交往，由于他们无法真正相信任何一个人，这使他们变得十分不合群，并且容易被别人疏远。于是他们得不到想要的、心理上的安全感和归属感，心里大量的烦恼和苦闷难以排解。三是影响对自己的正确认知和评价，他们喜欢把错误归结于别人，这让他们无法对自己做出比较客观的认识和评价，他们往往只看到别人的缺点和错误，而看不到自己的缺点和错误，从而无法对自我进行纠正和完善。

农村地区高中生群体中有偏执心理问题的学生不在少数，多数时候他们看起来与旁人无异，当遇到一些问题或突发事件时，往往就会做出出其不意或令人意外的反应。这严重影响着他们的学习和生活，他们想要改变却又无力改变，总是生活在“自信”和“自责”之间难以自拔，这对他们的身心都

① 马秀英．偏执型人格障碍的心理治疗与护理［J］．中国药物经济学，2013（S3）：487－498．

产生了极大的负面影响。

据多年的从教经验，笔者发现农村地区高中学生中偏执心理问题多发现为女性高中生群体，因为相比较于男学生，女学生天生敏感、感性，她们对于学校、家庭以及其他周围环境给予她们的负面影响感受得往往更深刻。

笔者曾教过的一个农村女学生小A，是典型的偏执性格，她总是喜欢过度解读老师和同学的意思，认为别人对她有敌意，因此总是不能和大家愉快地相处。对于同学之间的一些玩笑，也常常没有做出正确的反应，认为是对她的侮辱和伤害，为此耿耿于怀，伺机报复。

印象最深的是她的嫉妒心。她的嫉妒心理非常严重，对于别人获得的成就或荣誉总是感到紧张不安，妒火中烧。虽然不太合群，但是她成绩优秀，是老师口中的好学生，每次考试都能够取得前三名的成绩。她的同桌女生成绩也还不错，但始终比不上她，那个时候她还能够和同桌女生和平相处，但当她的同桌某一次成绩超过了她之后，她便出现了明显的敌意，开始与同桌的女生寻衅争吵，在背后说同桌的坏话。

发现了她的问题之后笔者找她谈过话，虽没有明确指出她的问题，但用旁敲侧击的方式提醒了她。没想到非但没有产生作用，还让她对老师也产生了不满的情绪。后来笔者不得不把她和她的同桌分开了，给她安排了一个与她成绩相当的男同学，渐渐地她也接受了原来的女同桌成绩超过她的现实，但她始终有一种自责和自卑感，以至于其他同学只好对她敬而远之。

笔者深知这种偏执心理对人有十分不良的影响，必须重视和得到纠正。但那个时候笔者还没有相关的经验，如果过度干预，很可能适得其反，让她更加的自卑、敏感。后来她毕业了，笔者没再见过她，但听其他的同学说，她大学毕业之后过得还不错，这是笔者很想听到的。或许经历了更丰富的人生，看了更大的世界之后，她的世界观、人生观、价值观也产生了改变，性格上的缺陷也得到了弥补吧。

性格偏执的人如果得不到正确的引导很可能形成严重的心理疾病，养成偏执型人格。偏执型人格是一种人格障碍，是指一种人格发展的内在的不协调，在没有认知过程障碍或者没有智力障碍的情绪下出现的情绪反应动机和行为活动异常。这种人格在发展和结构上明显地偏离正常，使个体不能适应正常的社会生活。偏执型人格个体表现为对他人的极端不信任，对非常小的摩擦也会表现出愤恨的反应，判断事物容易绝对化、情绪化和非理性化，很难与他人融洽相处，容易给自己的工作、生活和心理健康带来负面影响。

对于大多数农村地区高中生来说，学习是他们改变命运的最大机会，但如果人格上不健全、不健康，即使成绩再优秀，在步入社会之后仍旧会难以适应，最终只会被社会淘汰，甚至有一些严重偏执的人会走上违法犯罪的道路。因此，作为教育工作者，有责任、有义务对农村地区高中生的心理健康予以密切的关注。物质上出自"寒门"并不可怕，可怕的是精神和心理上也出自"寒门"，这样的农村地区高中生就会陷入"囹圄"，一生都难以拥有幸福的人生。

对于偏执型人格的学生，可以用以下方法对学生进行心理疏导①：

（1）认知提高法。

（2）交友训练法：① 以心换心；② 交友时应注意"心理相容"原则；③ 真诚待人，将心比心。

（3）敌意纠正训练法：① 经常事先提醒和警告；② 沙盘游戏法；③ 心理暗示：如只有先尊重别人，才能得到别人的尊重。

---

① 马秀英. 偏执型人格障碍——心理治疗与护理［J］. 中国药物经济学，2013（S3）：487 -489.

第三章　农村地区高中生常见心理问题的成因

第一节　孤独与压力对心理健康的伤害

有研究表明，“孤独”和“压力”是最常见的引起心理问题的因素，那么这两种因素是如何摧毁农村地区高中生心理健康的呢?

一、孤独

孤独感是人感到自身和外界隔绝或受到外界排斥所产生出来的孤伶苦闷的情感，很多时候，人们并不习惯将“心理问题”与“孤独感”联系起来，可事实上，孤独是一种很常见的能够引起心理问题的因素。

美国心理学家埃里克森在其人格发展八阶段理论中指出，在成年早期(18～40岁)，人们面对的是亲密与孤独的冲突。这意味着绝大多数人在他们的一生中都会体验到这种孤独感和渴望建立亲密感的内心冲突。

长期或严重的孤独有极大的概率会引发某些情绪障碍，降低人的心理健康水平。另外，孤独感还会增加与他人和社会的隔膜与疏离，而隔膜与疏离又会强化人的孤独感，久之势必导致疏离的个人人格失常。这种孤独和枯燥将会对人的心理健康造成很大的影响。

20世纪50年代，美国的心理学家曾做过一个实验：把要进行测试的人关在一个与外界隔离的房间，听不到外界的声音。除了吃饭和上厕所，必须24

小时躺在床上。结果发现几乎没人能坚持完第四天。到第四天时，他们会开始手发抖，不能直立行走，应答能力变弱，以及开始出现幻觉。由此可发现，孤独会对人体产生很大的危害。孤独的危害可以等价于猛烈地酗酒或每天吸15根烟，孤独感会使人体压力激素皮质醇升高，使免疫系统减弱，变得虚弱易患病。孤独会使癌症的患病率提高两到三倍，寿命也会减少。

孤独是个体的一种特殊心理现象。其根源是复杂多样的，影响因素也是多方面的。对于农村地区高中生来说，他们的孤独感主要来源于人格因素、学校年级因素、家庭教养方式因素、社会因素四个方面。

1. **人格因素**

孤独与人格特质密切相关，人格特质是指气质、性格和能力三个方面。气质主要是先天形成的，形成早、不易改变、可塑性小、变化慢，具有一定的稳定性；性格主要是后天的，具有很大的社会性，形成晚，在人格中涉及社会评价的内容，更多受到环境的影响，可塑性大。孤独也取决于人际交往的需要。有的学生比较独立，自主性强，不过分依赖，孤独感较少。而有些人有强烈的人际需求，但由于自身的胆怯、害羞，更容易产生孤独感。这就是人格因素与孤独感之间的关系。

2. **学校年级因素**

对高中生来说，在生活中占比重最大的无疑是学校，因此这一部分因素十分重要。苏联教育家苏霍姆林斯基曾说："尽可能深入地了解每个孩子的精神世界——这是教师和校长的首条金科玉律。"对高中生而言，他们不仅仅需要"知识传授者"，更需要榜样，需要指路的人。这一时期老师的作风、行为等对于学生的精神世界会产生很大的影响。有研究表明，相较于高二，高一和高三的学生会感受到更强的孤独感。高一新生，刚刚从初中进入高中生活，他们的角色并没有完全改变，心理也不够成熟，突然面对繁重的学习和激烈的竞争，心理上的受挫感增加，空虚、无聊和自卑，导致孤独感也相应产生。高三学生由于升学压力，体验到更高的孤独感和更低的自我价值感。而越多被老师关注的学生产生孤独感的频率越低，在老师与学生缺乏单独沟通的情况下比较容易滋生孤独感。

值得重视的是，农村地区高中生作为一个特殊群体，其产生孤独感的概率更高。由于农村地区高中生家庭经济实力普遍不高，自身接触的事物有限，处于青春期的高中生开始有了攀比、虚荣的心理，但现实的家庭条件不足以满足他们这种心理，这就使得他们自卑、胆怯、害羞，最终产生孤独感，甚至形成孤僻的性格，直接导致社交焦虑。自尊水平的高低可以影响社交焦虑等消极情绪的产生，自尊水平的提高将会有助于缓解个体的焦虑。因此，避免孤独感可以维护农村地区高中生的自尊水平，防止其产生社交焦虑保护他们的青春期心理健康。

3. **家庭教养方式因素**

“孤独”在农村地区高中生群体中很常见，当前独生子女较多，而农村地区高中生的父母又往往文化水平不高，容易忽视孩子的心理教育，常表现为忙于工作、很少倾听孩子心声、没时间与孩子沟通等，还有很多农村地区高中生是由隔辈抚养的，这就导致了农村地区高中生很容易感到孤独。若父母采用民主开放的教养方式，其子女的孤独感较少，父母教养方式，尤其是父亲的角色，对孩子孤独感的程度有较大的影响。

人创造环境，环境也创造人。环境对于青少年的影响，正如鸡蛋与温度。没有适宜的温度，鸡蛋永远也变不成小鸡。良好的家庭氛围有利于孩子健康成长——包括生理和心理两方面，反之则会对孩子产生消极影响。高中生的生活方式比较简单，一般都是过着两点一线的生活。家人是高中生最亲近的人，血缘纽带使得他们形成特殊的默契。因此，高中生的孤独感更多来源于与家人较少的沟通。家庭氛围对高中生的性格有很大的影响，这种影响是长期的、潜移默化的。良好的家庭氛围有助于高中生的成长，在大多数情况下，父母关系非常融洽的高中生产生孤独感频率低，父母经常争吵的高中生其孤独感异常强烈。甚至有些高中生因为父母争吵，想要离开家庭，他们变得更加叛逆和极端，他们的孤独感最为强烈。

高中生孤独感产生的最终原因是归属感和不安全感，因此，创造和谐的家庭环境对高中生非常重要，这会影响他们一生的性格，对他们的人生观和价值观也会产生潜移默化的影响。

4．社会因素

当前的考试选拔制度具有一定的竞争性，部分农村地区高中学生根据分数情况和志愿填报可能会去到离家较远的城镇就学。虽然他们渴望离开家庭拥有独立的生活空间，但是心理上并未真正成熟，对于社会环境的适应能力较差。这导致他们由于生活环境与家庭的空间距离的遥远，以及独自面对问题时常产生困惑，进而内心的孤独感剧增。

孤独感对于农村地区高中生来说，差不多是“无孔不入”的。这种看似无伤大雅的负面情绪，实际上有着广泛的负面影响，就像是一把伤人无形的刀，作为老师，我们自然有义务维护这个群体的心理健康。

二、压力

社会发展日新月异，人们的生活节奏普遍较快，使得我们总是感觉“压力大”“负担重”。其实不仅仅是成年人有压力，高中生的压力也绝不可小觑。

压力不但对身体健康有重大影响，对个人心理健康的作用也很明显，这主要表现在以下两个方面：一是焦虑感。工作或学习的压力对人们心理最主要的影响是增加了人的焦虑感。当承受较大的工作或学习压力时，会模模糊糊地感到很容易受周围环境中其他人和事物的伤害，觉得自己对工作、对学习、对周围的一切失去了控制，时常经受着工作或学习环境中难以预料的困难，却又担心无力去处理那些并不一定出现的潜在威胁，为此产生了巨大的精神压力。二是沮丧感。压力也增加沮丧情绪。当正当需要得不到满足或行为受到妨碍时，情绪就受到了伤害。

此外，工作或学习压力过大还可能导致神经衰竭、强迫症、焦虑症、疮症等神经官能症，严重的甚至会导致一些精神性障碍。

高中生正处于人生的转折点，面临着可以改变命运的“高考”，十几年的寒窗苦读正是为了这一场人生中最重要的考试。无论是自身、家庭还是校园，都能够成为“压力”的来源，尤其对于农村地区高中生来说，他们的压力会更大，因为这可能意味着他们在未来有更大的机会改善自己的生活水平和生活质量，改变当前家庭不够富裕的状况，甚至有一些农村家长将整个家庭的命运压在孩子身上，不断给孩子施加压力。因此，如果不能够正确地应对压力和“减压”，就很可能在压力下形成各种各样的心理疾病。

从心理学上来说，我们可以从个体适应压力的三个阶段来分析压力对心理健康的影响：警觉阶段（发现事件并引起警觉，同时准备战斗）、搏斗阶段（全力投入对事件的应对，或消除压力，或适应压力，或者退却），最后是衰竭阶段（消耗大量生理和心理资源，最后“筋疲力尽”）。个体的心理健康在这三个阶段中，会受到不同程度的影响，特别是在搏斗阶段，个体内在的生理和心理资源被大量消耗，人会变得非常敏感、脆弱，即便是日常微小的困扰，都可能引发个体强烈的情绪反应，比如孩子的哭闹、家里来客人、接听电话、家庭成员的小小意见分歧等，都会使其大发雷霆，甚至在衰竭阶段，由于能量已经基本耗尽，如果仍旧不能适应，压力仍旧存在，就必然发生危险，产生严重的身心疾病甚至在绝望中走向死亡。

具体到现实生活中，面对压力，个体会产生如下心理反应：警觉、注意力集中、思维敏捷、精神振奋……这是适度的心理反应。一般而言，轻度的压力会促发或增强一些正向的行为反应，如寻求他人支持、提高抗压能力、锻炼应对压力的技巧等，同时也有助于个体适应外界环境。但过度的压力就会带来负面反应，甚至对个体心理健康造成严重的伤害。而且，长期处在高强度的心理压力下，个体心理亚健康的概率将近百分之百。

过度、持久的压力导致个体产生许多消极的情绪，如忧虑、焦躁、愤怒、沮丧、悲观失望、抑郁等，这些不良情绪可能会引发心理适应困难或者各种心理疾病，如个体记忆力减退、智力迟钝、注意力分散、个体认知能力减弱，甚至会影响个体的人格发展和个人成长，导致自我评价降低、自信心减弱等。

压力与青少年发展，特别是与高中学生的心理健康关系很大，其压力源可分为六大类：社会人际关系及个性发展方面的压力、学习和学业方面的压力、与父母交往方面的压力、未来前途方面的压力、经济方面的压力、健康方面的压力。而农村地区高中生这一群体因其身份的特殊性，有着特有的“压力源”。有多个研究表明，农村地区高中生最严重的心理紧张刺激因素是考试成绩不理想，即最大的压力源是学习压力。他们普遍感到学习任务过重、考前复习紧张，导致心理负担过大，尤其是毕业班学生，更加担心高考的成绩不好。很多农村地区高中生及其家长更是将高考视为“改变命运”的唯一途径，这无形之间为农村地区高中生群体增加了相当大的压力。不仅影响人的生理，更影响人的心理。一定程度的压力有益于心理成长，能增加生活情趣，激发奋进，帮助我们更敏捷地思考、更勤奋地工作，增强自尊和自信。然而，如果压力超过最大限度，就会使我们心力衰竭、行为混乱，目标意义减少，觉得毫无希望、难以实现，感到自己是无用之人、毫无价值。如果反应持续太长，则会造成危害，使人垮掉。

下面的测试用于测试一个人的潜意识里是否已经被工作或学习的重压所困扰。不必花费太多时间去思考，只需快速作答并移至下一问题。

评分标准：

从未或不常——1 分。

偶尔——2 分。

经常——3 分。

不断或几乎每次都是——4 分。

开始测试：

（1）对琐碎之事极度烦躁。

（2）无法确定什么时间该做什么事。

（3）工作或学习的任务太重太多，以至于无法愉快进行。

（4）对别人的指责无能为力。

（5）在人群中或有限的空间里时常感到惊慌不安。

（6）感到流言蜚语或者暗箭伤人的情形太多了。

（7）工作或学习计划总是不可预测地出现变化。

（8）感觉工作或学习上不断出现困难而且单调乏味。

（9）没有任何生理原因就感到头晕恶心。

(10) 对物质条件、噪音感到厌烦。

测试完成之后，把所有的分数累加起来，看看结果如何。

测试结果：

10～20分：你的工作或学习生活很愉快，目前没有感受到压力。

21～30分：和大多数人一样，你感觉到了工作或学习的压力。

31～40分：你被工作或学习压得喘不过气。

其实压力也不一定带来负面影响，压力可以是正面的、有益处的，还可成为原动力，促使我们达到理想的生活目标。若完全没有压力，人们就可能停滞不前，没有进步。如果能适应转变、疏解压力，则压力可反过来激励斗志，开发人的才能和潜能，提高人的效率。

第二节　奇奇怪怪的心理“疲劳”

“知识可以改变命运，读书可以成就未来”。高中是学习的黄金阶段，是人生最重要的“转折点”，应以饱满的热情，振奋精神，努力学习。但是，笔者任职学校里的学生绝大部分来自农村，产生心理疲劳的现象普遍存在。通过观察，心理疲劳主要表现在：一是学习的主动性和积极性不高。比如早上，特别是冬天的早上，不想起床做操；自习课不主动不自觉，要等老师去赶、去喊、去追；逃学，如借故旷课，外出闲逛、玩游戏等。二是学习风气不浓，成绩普遍较差。比如早、晚读一些学生不想读；课堂上一些学生开小差，注意力不集中，打瞌睡或者搞小动作；自习课堂吵闹，学习不主动。

也许你会觉得：这哪里是心理疲劳，明明就是“不上进”。但如果我说这都是由心理疲劳所引起心理问题的外在表现你相信吗？主导“疲劳”的并不是身体，而是你的心理，即疲劳的感觉源自你的内心。

英国心理学家海德费说：“绝大多数疲劳，都是由于心理的影响，纯粹由生理引起的疲劳是很少的。”当前快节奏和高压力的社会环境，以及超负荷的工作学习和神经的高度紧张，都会产生心理疲劳等问题。

所谓心理疲劳，是指人长期从事一些单调、机械的工作活动，伴随着肌体方面的变化，中枢局部神经细胞由于持续紧张而出现抑制，致使人对工作学习、对生活的热情和兴趣明显降低，直至产生厌倦情绪。心理疲劳不仅降低学习与工作的效率，而且对心理健康也有一定的影响。长期的心理疲劳，会使人心情抑郁、百无聊赖、心烦意乱、精疲力竭，进而引起心因性疾病，例如神经衰弱等，具体表现为头痛、头晕、记忆力减退、失眠、怕光、怕声音等。

当前，学生的疲劳问题已经引起社会的广泛关注，而农村地区高中学生面临“可以改变命运”的高考，各方面的负担更重。笔者通过在从教生涯中不断总结经验后发现，很多农村地区高中学生在学习过程中，常常会经历从兴奋到低落进而疲劳的周期性反应，其心理疲劳的产生方式也是多种多样的。

(1) 从社会的角度看，人口众多和经济发展相对落后造成就业上的困难，就业竞争必然导致升学竞争。学历因素在我国就业竞争中的作用举足轻重，又加剧了升学竞争。因此，“学生负担过重”将导致一些学生产生心理疲劳现象。

(2) 从家庭的角度看，许多农村地区高中生家长，望子成龙、望女成凤心切，对孩子提出了过高的学习要求，孩子感觉难以达到，从而产生心理疲劳。此外，有很多农村地区高中生的父母常年在外打工，平时很少关心过问子女的思想、学习情况，只是按时寄生活费，从而导致沟通不够，教育欠缺。而且，对于很多农村地区高中生家长来说，他们辛苦工作负担孩子读书，往往一心希望孩子能够通过高考考上理想的高校，因此总是有意无意地对子女施加压力，盼望他们在未来改变自己寒门的命运。这样狭隘的教育价值观，唯分数论，使分数价值高于人的价值，家长只看成绩，忽视了对学生心理素质、思想品德和纪律法制的教育，导致学生心理素质越来越差，心理负担却越来越重。长此以往，心理疲劳的不断加剧，必将引起学生不同程度的心理问题。

笔者在任教的这些年里，发现农村家长很少能够察觉孩子的心理和情绪波动，即使察觉到了也很少予以重视。事实上，学生由初中升入高中，学习环境变了，课程难度增加了，学习竞争更为激烈了，学生因为这些产生心理疲劳是在所难免的。如果家长和老师都能够给孩子多一些鼓励，多一些理解和关心，帮助他们疏导心理疲劳，或许可以避免很多悲剧的发生。

（3）从学校的角度看，某些教育从业者把升学率作为评价教育工作的主要标准；教育行政部门和学校、家长“减负”认识不一，缺乏严格管理和有效制约机制等，都会导致学生的负担越来越重。教师面对诸如职称评定、教师聘任、末位淘汰、按绩取酬等制度，都感受到了前所未有的压力。他们有的能适应形势需要，将压力转化为动力；一些心理素质本身比较脆弱的教师则往往因压力过度而导致心理危机，面对学校以升学率论英雄的评价标准，以及社会、家长的殷切期望，不得不采取机械的“填鸭”式教学方式，枯燥地说教，让学生重复抄写课本和作业，造成学生学习负担过重；还有一些不善于自我调节自我控制的教师，将自己的不良情绪带入教学，直接影响学生的学习热情，使他们在潜意识里认为学习就是一种“负担”，进而产生心理疲劳的现象。

不少有识之士都认识到了减负的重要性与迫切性，教育部与地方教育行政部门也出台了不少“减负令”。应该说，在教育部门的重视下，学生课业负担过重的状况已有所改观。尽管国务院提出了新的高考改革方案，比如高考不分文理科、外语科目提供两次考试机会等，但是也意味着学生整个高中阶段文科、理科知识都要学习，而且高考也要参考高中三年学业水平成绩，学生的课业负担究竟是增加还是减轻了，还有待观察与验证。在优质教育资源尚未大众化、还要依靠考试成绩选拔人才的当下，孤立地谈“减负”殊为不易。不仅是学校与老师不愿意“减负”，家长也普遍更关心孩子的学习成绩，至于孩子的课业负担，即使家长心疼孩子太累，学校嚷嚷为孩子减负，但是为孩子的前途着想，并不愿意减轻孩子的课业负担。一道道“减负令”的实际效果往往被应试教育消弭得所剩无几。

在教育评价体系不够完善的当下，考试成绩仍是一名普通学生升学的通行证，学生成绩仍是教育部门对学校、学校对老师、家长对学校进行教育评价的硬指标。特别是高中学生，面临三年以后的高考，功课任务更重。学习成绩跟不上不仅心理有落差，还意味着三年以后很难上一所心仪的大学。因此，如何减负是一个具有技术含量的问题。减负令如何契合教育现实，减负指标如何执行、如何监督与问责，都应有周到的制度安排。除了出台减负令以外，教育部与地方教育部门还应健全教育监督机制，改革教育评价手段，淡化升学率宣传，合理配置教育资源，实现教育的均衡发展，营造公平的教育环境，把学生从繁重的学习任务与应试教育压力下解放出来，让每一名学生都受到适合其发展的教育，快乐健康成长。

当然，农村地区高中学生产生心理疲劳的原因有一部分也在其本身，农村地区高中学生在其成长过程中缺乏正确的引导，学习基础普遍比较差。当城镇学生接受各式各样的“额外学习”时，农村学生可能在帮父母干农活。而这些学生进入高中后，随着课程难度升级，就会感觉学习上困难重重，对学习失去兴趣。

综上所述，农村地区高中学生心理疲劳的形成其成因不仅仅在学生本身，更多的是在外界。无论是学生家长还是广大教育从业者，都应当反躬自省，认识问题的严重性，思考我们的责任。如不及时加以有效疏导，轻则产生厌学心理、逆反心理，造成师生关系不协调，同学关系不和谐，重则导致心理变态、患上抑郁等症候，出现逃学，离家出走，甚至轻生自杀等现象。因此，如何防止和消除学生学习过程中的心理疲劳现象，是摆在全社会特别是教师面前的一件不容迟疑的大事。当前农村地区高中学生心理疲劳的原因是多方面的，解决的途径也应是多样的，需要社会、家庭、学校、学生多方面密切合作，共同为农村地区高中生营造一个积极乐观的生活氛围。

第三节　最容易被忽视的几种导致心理问题的现象

心理问题的成因是多种多样的，而绝大多数心理问题都源于一个人身处的“不良”环境对其心理造成的不同损害。农村地区高中生作为一个特殊群体，有其较为独特的“不良”环境。这些“不良”环境不易被察觉，但却对农村地区高中生群体的心理健康造成了实实在在的伤害。

1. **不按时吃饭**

农村地区高中生对于“按时吃饭”这件事普遍不是很重视，这可能是他们的父母很多是从事个体经营，因工作性质致使吃饭时间很难固定，而农村地区高中生耳闻目染也对“按时吃饭”并不重视。

由于生活节奏的加快，饮食不规律、不按时吃饭已经成为现代人的通病。虽然很多人对此不以为然，但这却是一个隐藏着危险后果的不良习惯，尤其是对于吃饭时间长期不是很规律的人来说，不仅影响身体健康，如引发胃肠疾病或导致贫血、营养不良等；还对心理健康的影响非常大，主要表现在：

一是饮食不规律导致人的生理系统紊乱的同时，也影响到人的心理状态。譬如，饮食不规律的人通常精神也越来越差，甚至睡眠质量也不如从前。

二是饮食不规律会影响大脑功能。精神病学和神经系统学专家吉多·弗兰克曾经做过相关研究，证明暴饮暴食能够直接对大脑反馈功能产生负面影响，而且这些改变也不确定能否恢复正常。

三是饮食不规律、不按时吃饭也会导致个体对于生活质量满意度和幸福感的下降。

2. **高温**

高温环境下，人的生理发生一系列变化，导致出现晕眩等生理感觉，影响人的情绪。一般高温环境会导致人的心理活动加强，从而产生烦躁、焦虑等情绪来应和身体上的不良反应。而当过高或者长时间的高温引发的不良身心反应超过个体的心理承受程度时，个体就会表现出情绪不稳、冲动易怒等躁狂的不健康心理。农村地区高中生基本都居住在农村，夏天农村的居住环境导致了农村地区高中生在高温的环境下极易产生烦躁易怒的情绪，从而在学习上也缺乏耐心，难以集中注意力，最终对其心理造成一些影响。

3. **环境欠整洁**

许多农村地区高中学校的环境不容乐观，甚至有些教室学习环境狭小，室内拥挤不堪，显得空气更加污浊。这样特属于农村的污浊环境会对农村地区高中生的心理产生很大的负面影响。一是脏乱不堪的环境容易引发烦躁、易怒、不安等情绪；二是光线昏暗或多灰尘的环境易使人产生抑郁、焦虑、厌倦等灰色心理。

4．长期离开亲人

农村地区高中生的父母很多常年在外打工，与孩子聚少离多，这给孩子和父母均带来不同程度的心理困扰。如果对此不加以控制和调适的话，一旦这些心理困扰过于强烈和持久，轻者会影响生活和学习，重者则会严重损害身心健康，削弱家庭成员之间的感情和亲和力。长期离开亲人，会对孩子产生如下影响：

（1）过度思念。长期离开亲人的人，会对亲人产生牵肠挂肚的思念，吃不香，睡不安，终日期待着对方的消息，内心备受离愁别绪的煎熬。

（2）孤寂和无助。长期离开亲人，每日紧张忙碌之余或夜晚回到家中之后，内心就会出现难以排解的孤独感和寂寞感，尤其是当遭遇难言的麻烦和无法克服的困难时，内心深处会产生软弱、无助之感。

5．疾病

任何疾病，无论其程度如何，都会破坏一个人的身心平衡状态，产生明显的、通常也是可预期的身体和情绪的改变。随着对身体不适症状的感应，病人很自然地会产生害怕、焦虑、无助、怀疑自己的能力及感到挫折、忧郁等情绪和心理反应。另外，生病对于个体人格特质会产生一定影响。人格特质在遇到外界压力（例如生病）时会变得更突出、更明显。农村地区高中生的父母很多常年在外打工，当这些“大龄留守儿童”生病时，往往缺少一个关心和陪伴他们的人，这使得他们在生病期间会更加没有安全感。同时，由于很多农村家长对于孩子的一些“小毛病”不予重视，很可能这些“小毛病”最后就发展成为了严重的疾病，使孩子产生恐慌、自卑等情绪，进而影响了他们的心理健康。

第四节　家庭关系与心理问题

原生家庭是一个社会学概念，是指儿女还未成婚，仍与父母生活在一起的家庭。心理学家弗里曼认为，人从家庭的经历中，不可能没有感情未了的需要。也就是说，没有绝对完美的原生家庭，原生家庭的不足，将成为一个人后续人生的索求和追逐。原生家庭决定着一个人的“出厂参数”，是后续校园教育和社会教育的基础，是塑造性格、品质、价值观的第一站。原生家庭中有问题的家庭关系将会对孩子造成很大的心理伤害，甚至造成严重的心理问题。

笔者在多年的从教生涯中发现，农村地区高中生的心理问题相对较多，而且大部分来源于他们原生家庭中不健康的家庭关系。这是由于农村地区高中生家长普遍文化水平较低，常常忽略孩子的心理教育，同时又不注重和家庭成员之间的沟通，造成家庭关系总是陷入紧张状态。

观察一：强弱

在孩子早年的心理发展中，母亲的作用远大于父亲。与母亲的关系几乎决定了每个人内心是否具有足够的安全感、亲密感、快乐感与成长动力。而父亲扮演的是他最初成长和自我认同中重要的伴侣和领路人。部分农村地区高中生存在恐惧、抑郁、焦虑等情绪，甚至出现行为紊乱，如果在这个时候对其早年母子或母女关系做细致分析，往往发现孩子可能有一个很严厉很正确很负责任的母亲或者有类似严母般仔细的父亲。

和这样的家庭打交道，要说服母亲给予孩子犯错误、说“假话”、干“坏事”的自由有时比登天还难。因为这样的母亲肯定是一个非常讲道理的人，做人勤勤恳恳，做事总在理上，当母亲当太太也当得很认真。和她们说话，你常常感觉有点气短，有点理亏。

观察二：倾斜

平衡是家庭关系的第一原则，倾斜是另一种平衡。早在 20 世纪 50 年代，从事家庭治疗的精神科医生就提出“婚姻倾斜”的心理学概念，认为如果家庭中父母一方有采用破坏性方式来支配家庭的倾向，则另一方就会显得依赖和柔弱，对其逆来顺受，这会导致孩子在成长过程中将这种倾斜关系视为正常，失去成为平等关系的能力，要么依赖，要么强权。

很多农村家庭中常常会有一个强势的母亲的角色，如果一个母亲过于强势甚至泼辣，就会使父亲在孩子成长中的作用被弱化，甚至被迫游离于家庭亲密关系与教养关系之外。由于不平衡，在孩子与母亲的互动中，没有因父亲的插入产生的心理缓冲空间，也失去了在双亲行为中做适应性选择的权利，孩子与母亲的行为应答方式被简单化到服从和不服从。久而久之，成长的动力被压抑，变化与对抗的欲望被耗竭，进而导致孩子的心性发展延迟。其实，大多数孩子的行为紊乱最初都是指向家庭的，尤其是指向最亲密的人——母亲。要孩子有变化，父母要率先有变化。

观察三：平衡

在农村家庭中，除了泼辣母亲和懦弱父亲的组合，更多的是权威父亲和娇纵孩子的“慈母”的组合。在一般农村家庭中，父亲是家中的“顶梁柱”，负责一大家子的生活开销，而母亲“主内”，每天洗衣做饭，照顾老人和孩子。奔波在外的男人鲜少关心妻子和孩子，渐渐成了家里的“边缘人物”，而母亲则成了孩子获取家庭温暖的唯一途径，进而形成了“母子同盟”的不健康的家庭格局。“母子同盟”是心理医生对家庭关系的另一种描述，它几乎是“婚姻倾斜”的反转。在一些家庭里，我们常常看到一个很权威的父亲，斥责母亲过度娇惯和纵容孩子，而不争气的孩子一心一意地黏着母亲。“母子同盟”的另一个心理学描述是父亲在家庭情感关系或权利系统中缺席，比如他们长期出门在外，个性松散自由，放任不羁，没有责任感等。母子依恋成为家庭情感维系的中心，母亲和孩子构成一种补偿性“婚姻关系”。在这样的家庭关系中，孩子是父亲腿上的一个“绊马绳”，母亲会主动给丈夫呈现甚至夸大孩子的问题，以此来向丈夫“索取”应该得到的关心。在旁人看来，这样的母亲有两个孩子，一个是永远长不成熟的丈夫，一个是永远长不大的孩子。

农村家庭中很多女性自我价值感低，不够自信，缺少安全感，如果她的丈夫也不懂得关心和理解她，那么这个家庭就很容易出现上述情况，最终造成孩子心理上的问题。

观察四：恋母

一些农村地区高中生，特别是男生，存在着不同程度的依赖性人格，这实际上是一种“恋母”心理，其表现主要有：

（1）无主见。没有从他人处得到大量建议和保证之前，对日常事务不能做出决策。

（2）无助感。让别人为自己做大多数的重要决定，如报考哪个大学或选择什么专业等。

（3）被遗弃感。明知他人错了，也随声附和，因为害怕被别人遗弃。

（4）无独立性。很难单独进行自己的计划或做自己的事。

（5）过度容忍。为讨好他人甘愿做低下的或自己不愿做的事。

（6）害怕孤独。独处时有不适和无助感，或尽全力逃避孤独。

（7）难以接受分离。当亲密关系终止时感到将要崩溃。

（8）易受伤害。很容易因遭到批评或未得到赞许而受到伤害。

孩子幼儿时期恋母是很正常的，但是如果到了一定年龄还未能从恋母情结中顺利过渡，孩子就很容易会产生心理障碍。过分依恋母亲的孩子容易变得以自我为中心、执拗、自理能力差，他们既需要父母多陪伴照顾，但也经常对父母的管制感到不满。这种双重人格，使得孩子既难管教，又难相处。

母子之间过分依恋，还会影响家庭关系。因为妈妈经常以孩子为中心，甚至把孩子看得比丈夫还重要，这样夫妻之间容易因孩子的事吵架。而且孩子会因为恋母而和爸爸比较疏远，关系冷淡，家庭关系因此会变得不平衡、不和谐。最重要的是，过分“恋母”的孩子易患心理疾病。母子之间亲昵刺激过多容易造成神经质，感情变得丰富而脆弱，易患孤僻症、社交恐惧症、抑郁症等，男孩子恋母过重过久还容易失去男性气质和魅力，变成“奶油宝宝”。

根据家庭病理学说，“母子同盟”让孩子成为夫妻个性冲突的一个投射

“容器”，夫妻无意识地把婚姻问题转嫁给孩子，孩子活得像一个替婚姻受罪的“道具”。由于母亲性格、情绪对结盟中的孩子有很强的认同与内化作用，孩子的自我发展被压抑，这种压抑会延续到青春期然后被猛烈地释放出来。同样，母亲的过度亲密使男孩性别认同与性意识发展延迟，不少男孩内心会印刻着无论如何也摆不脱的恋母情结。这种同盟是家庭关系的一种补偿状态，在新的平衡关系没有确立以前，“母子同盟”可能是家庭内部平衡的有效机制。

观察五：束缚

“双重束缚”是家庭治疗大师贝特森对家庭动力学中一种矛盾情景的经典描述，他认为，双重束缚是这样一种情景，即父母之间或父母与子女之间交流时在关系水平与内容水平之间有明显的矛盾，使家庭交流发展出一种矛盾的不确定性，家庭成员不知道对方是关心自己还是抱怨自己。正如父亲说“我这样做是为了爱你!”，而孩子就知道接下来可能是大祸临头。贝特森认为这种矛盾情景是儿童产生精神分裂或情绪障碍的决定因素。

在农村家庭中，父母往往喜欢把对孩子的愤怒，包藏在一种对孩子的貌似关心中，越是与子女关系不好的父母，越易于通过“教育”来发泄对子女的不满。久而久之，孩子长期处在一种内容水平被关心，关系水平被伤害的悖论情景，而且他们还不能评述或反抗这些矛盾信息。慢慢地，孩子会借助矛盾的信息来逃避惩罚，以扭曲的行为方式来应付所有的关系，失去了发展正确理解自己和他人的能力，出现人格分化延迟。比如一位母亲生气地对女儿说：“瞧你都 15 岁了，还不愿替母亲分担一点家务，你真是太懒了!”既表达了母亲对女儿的成长期望，又表达了对女儿的失望与抱怨。这种情况下，女儿要平衡母亲的情绪，觉得该做点什么，就会对母亲说：“好吧，我来拖拖地。”这表面上表达的是服从，甚至是刻意地讨好，但内心却隐藏着对目前的防备，害怕与母亲继续交流。女儿在拖地的时候，如果得到母亲夸奖，则应答成功，内心得到满足，拖地行为就转为成长的动力。但如果母亲大声叫道：“瞧你拖的地！还不如不拖。养你这么大，连拖地都不会!”女儿则会被迫处在一种应答无措、左右为难的位置，无论如何都是输，变与不变都毫无出路。

不拖地，要继续忍受母亲的指责和埋怨；去拖地，也要忍受母亲新的指责和埋怨，横竖都是不快乐。这种来自母亲的信息矛盾使子女成长的动力被减弱，孩子心中的感觉是：“无论如何我都不能摆脱母亲对我的不满。”

成长在这样家庭中的孩子，最终会形成一种非常“别扭”的性格，在与人交往的时候也会产生障碍，渐渐地就会形成严重的心理问题。

观察六：矛盾

大部分农村家长文化水平低且不善于和家庭成员进行有效沟通，因此，很容易导致夫妻吵架。而经常吵架的父母对孩子的影响是非常大的，以至于很多农村地区高中生存在着不同程度的性格缺陷，如缺乏安全感、性格存在某些缺陷、社交恐惧、学习受到影响、叛逆以及脾气较坏，甚至在住校“半脱离”原生家庭之后，仍然无法缓解自身的心理问题，影响了学习和生活的各个方面。

观察七：分裂

20 世纪 50 年代，心理学大师塞奥多尔·利兹提出“婚姻分裂”的概念。利兹研究躁郁症时认为：家庭内部没有形成良好的结构和角色分化，夫妻间过于独立，缺少必要的情感交流和亲密依赖，导致夫妻同床异梦、彼此疏远、满怀敌意，以致拼命试图从孩子那儿得到忠诚与亲近，使孩子无所适从。孩子会强烈地感受到家庭内部的不稳定和团结一致的重要性，迅速发展起一种自我控制，来应付这种非此即彼的关系模式，用自我“分裂”补偿性地满足父母对家庭关系的需求。在这样的家庭关系中，平衡是靠孩子勇于“自我牺牲”来实现的，但补偿总会有个极限，一旦缓冲失败，孩子可能陷入大麻烦，要么过度控制自己——抑郁，要么就是发泄性失控——躁狂，并持续摇摆在这两种情绪状态中。过度控制的孩子可能会把这种家庭冲突潜抑在内心深层，成为成年神经症或身心疾病的心理根源。

观察八：示弱

另一类更为困难的双重束缚，发生在个性分化不良或情感分裂的家庭，孩子无论依从母亲还是依从父亲都会遭到另一方的责难，无论做任何事都不能得到双亲肯定或者否定的观点。有时候双亲为了回避自身冲突，要么观点含含混混，要么就各行其是，互不干涉。孩子既不能在家庭找到规则，也形成不了有效的交流，凡事得先看父母的脸色，猜测父母的心思，这使得孩子难以适从。

笔者曾经接触到一位男学生，他成绩很好，但除了学习似乎什么事也不能做，什么人也不能接触，一度成为老师和同学心中的“怪人”。后来他的心理问题不断加重，不得不退学，被精神医生诊断为分裂样精神障碍。

为此笔者到他家里进行家访，发现他的父母之间根本没有像样的交流，母亲说话父亲就闭嘴，父亲说话母亲也装听不见。当事人与父亲如同陌生人，父亲也很少回家。笔者还发现当事人与母亲的交流也很少，不到万不得已不开口，开口也是一些略带含混的语音，但行为上倒是很默契。母亲跟他很亲近，他想要什么母亲都猜得到，把话说清楚似乎并不那么重要。这个家庭父亲的个性分化比较低，内向，不善言辞，夫妻之间情感淡漠，家庭中没有成形的交流，以及可以引起成员间循环互动的东西。

家庭心理健康教育对于孩子的健康成长具有无可替代的作用，其目标是培养孩子认识世界、珍爱生命、关爱社会、感恩人生、创造生活的心理素养。虽然很多农村地区高中生拥有一个“有问题”的原生家庭，也因此产生了很多心理问题，但只要及时意识到自身的问题，并加以正确的“引导”，仍然有很大的机会去收获一个崭新的自己。

此外，对于有问题的原生家庭模式来说，“离异家庭”这种模式是最常见的了。人们常说，家庭是学生学习最好的学校，父母是学生成长的第一任老师。的确，每一个学生都是先在父母的养育之下长到上学的年龄之后，才进入的校园。因此，对于其成长来说，家庭是决定其学习质量和健康发展的关键所在。那么对于农村离异家庭来说，特殊的家庭结构和生活背景，导致了他们家庭生活的不幸，这在一定程度上让他们内心变得更加敏感和脆弱，自信心受到了较大的打击，严重地影响了他们的学习和成长。

离异家庭的环境和教育方式的不同，使每个学生在成长历程中背负的心理压力有不同程度的差异，因此影响了他们的学习和生活，甚至造成了严重的心理问题。据笔者对学校农村地区高中生父母离异情况的调查发现，目前父母离异的学生已占全校人数的17%以上，而这些孩子所处的家庭环境的特殊性导致他们学习成绩下降，思想品德下滑，心理出现异常。通过观察笔者发现，农村离异家庭高中生心理敏感、脆弱，在平时的学习和生活中往往表现出与其他学生不一样的地方，从而影响了其正常的学习和交往。对于农村离异的学生来说，特殊的生活背景和家庭经历往往会让他们的自信心不足，在进行学习时，往往不能够与其他同学进行有效互动，缺乏必要的团队精神，无法有效地融入教学实践中去。其存在的心理健康问题主要表现在：

1. 父母离异导致农村地区高中生严重缺乏自信心

不少离异家庭的农村地区高中学生自信心严重缺乏，容易受到打击，这是由于之前一直生活在完整的家庭里，面对家庭的突然破裂，孩子无法接受眼前的现实，无法适应无父或无母的环境。而且孩子还没有成熟，幼小的心灵变得脆弱、敏感，无法去体会父母的生活、父母的苦衷，没有自我调适的能力，一旦受到冲击，就会不知所措，无所适从。

这非常不利于他们的成长和进步。对于很多学生来说，家庭关系让他们的心灵变得更加脆弱，加重了他们的挫败感，造成了心理上的欠缺，认为所有的失败都是自己引起的，做什么事都不可能成功。他们常常感到不如别人，让人瞧不起。而且，他们会将这种消极的情绪带到自己的学习中，对学习失去信心，学习成绩不稳定，不能积极主动参加各项活动。一旦遇到困难就会逃避，容易受到打击，从而降低了自己的学习效果和学习能力。自信心的缺失是很多农村地区高中生在学习中存在的主要问题，这多半源于他们的家庭的不健全。

2. 父母离异导致农村地区高中生孤僻冷漠

离异家庭的学生性格孤僻、不合群，而农村离异家庭的学生与城市离异家庭的学生相比，最大的区别是面对文化程度普遍落后的农村地区高中生家长，他们疲于生计，缺少对孩子心理上的关心和疏导。特别是看到其他同学与父母亲亲热热、幸福美满相处时，心中的悲伤、失落使得他们产生忧郁和孤独的心理，看不到自己的快乐在哪里，整日沉浸在忧虑、悲伤中。

同时，这一时期的孩子最敏感，面对同学们和社会的关怀，他们会过于在意，甚至产生误解，久而久之，他们就从人群之中脱离出来，进入自我封闭和孤独的空间，逐渐变得畏畏缩缩，形成孤独、冷漠、自卑的性格，在平时的学习和生活中，这些学生都会远离群体，不利于实现有效的团队合作。

3．父母离异导致农村地区高中生狭隘自私

在农村，很多父母离异之后会将孩子留给祖父母或外祖父母抚养。这是个很奇特的现象。许多人年轻时并不太喜欢孩子（尤其是男人），老了后反倒对孩子特亲。于是我们会看到许多老人对孙辈们是有求必应，大包大揽地帮着孙辈做本该他们自己能做的事。在长辈眼里，孩子永远长不大，何况孙辈。如果父母当着老人的面教育孩子，老人会非常不高兴，孙辈在老人的娇宠溺爱之下变得为所欲为。

溺爱是大部分爷爷奶奶外公外婆的通病，他们中的大部分都存在一种补偿心理，将自己年轻时无法满足子女高质量的生活照顾，全数投射到孙辈身上，不管孩子的要求是否妥当，总是毫无节制地满足，不经意间就会对孩子的错误过分纵容，甚至替孩子掩饰善后。另外，孩子有什么缺点，也因为心疼孩子，不能及时予以纠正，使得很多孩子以自我为中心，自私、任性、依赖性强。

由于祖父母或外祖父母对孩子的过度溺爱，只注重满足孩子各项物质上的需求，而忽视对孩子在思想品德方面的教育，使孩子的成长出现了片面性，他们处处以自我为中心，不能严格遵守学校、班级的各项规章制度。

4．父母离异导致农村地区高中生行为极端

由于单亲家庭中的孩子在“孩子圈”中地位不高，容易成为别的孩子奚落和欺负的对象。然而他们也渴望尊严，渴望被人欣赏，于是在言行上便刻意地表现出与众不同，有时甚至喜欢“顶牛角，对着干”，以显示自身的存在价值。另外，很多父母离异的农村地区高中生还存在狭隘自私、自暴自弃、破罐破摔的问题，习惯用极端的行为对待自己或他人。这类孩子不愿听从别人的意见，不仅厌学，还刻意去学习一些不良的思想和行为。值得注意的是，这些不良行为其实都源于学生的心理问题。

这些过度极端的行为还有可能导致犯罪，一些农村离异家庭的高中生性情乖张，为不受歧视和欺凌将自己包装成一个“野兽”，随时可能对那些他认为冒犯了自己的敌人发起“进攻”。在笔者的从教生涯中，就曾遇到过农村离异家庭高中生因心理扭曲而产生过激行为，最终走上犯罪道路的案例。据多年对离异家庭农村地区高中生的观察和分析发现，离异家庭造成孩子产生不良行为甚至走上犯罪道路的原因主要有以下几点：

一是单亲家庭易导致孩子心理失衡。家庭破裂遏制了孩子的情绪、性格和社会适应性的良好发展。父母离异往往会给孩子的心理带来很大的变化，很多孩子认为父母离婚是不光彩的事，因此产生消极仇视心理，还有一些孩子由于心理失衡甚至对社会产生报复心理。

二是单亲家庭多缺失正常教育。单亲家庭中提供情感的家长只有一人，子女容易产生因缺乏情感关怀而造成疏离、自卑等问题。有些单亲家长长期处于情感失衡状态，无暇顾及子女内心世界，对其精神世界了解甚少，致使单亲子女正常情感生活被剥夺、心态扭曲。有些单亲家长因其子女失了母爱或父爱而有一种愧疚心理，不能正常地给予管教，对子女过分宠爱娇惯；有些单亲家长视其子女为累赘包袱，漠不关心，甚至歧视和虐待，造成孩子行为上的偏差。

三是单亲家庭往往缺乏凝聚力。家庭中的人际关系，特别是夫妻关系紧张，是导致离异的重要原因。离异家庭无论是在离异过程中或是离异后，由于缺乏凝聚力，家庭对子女缺乏吸引力。在这种情况下，子女的离心倾向会越来越严重，若再受到社会上不良分子的勾引，就会很容易走向犯罪。

四是社会对单亲家庭关注不够。在幼儿园和中小学还是存在正常家庭的孩子不喜欢和单亲家庭的孩子相处的现象。离开学校，许多家长也不愿意子女与单亲孩子过多接触，这让单亲的孩子更加感觉孤独，容易表现出逆反性，时时与同学发生矛盾。此外，政府以及社会力量对单亲家庭子女的教育问题的干预和扶助有些还不到位。

5．父母离异导致农村地区高中生自闭抑郁

家庭的破裂，仿佛是“天降横祸”，对年幼的孩子来说，他们缺乏必要的心理准备，因而遭受的打击比父母更大。而且孩子比大人更加敏感、脆弱，还不具备自我调整心理的能力，一时难以面对家庭破损的残酷现实，因而会感到无所适从、闷闷不乐。另外，孩子也懂得比较，他们会拿自己的现在与过去比，感到自己处境已大不如前；或是拿自己与健全家庭的孩子比，自感不加别人家的孩子，因而滋生出自卑的心理，做事变得胆怯、缺乏自信、缺乏进取和积极向上的精神，总觉得自己不如别人家的孩子。

这些孩子由于被父母所疏远而抑郁，不愿与人接触，对周围的人常有戒备、厌烦的心理，表现出神经过敏的症状。他们总怀疑别人会在背后议论自己家庭的缺损和父母的离异，认为别人都瞧不起自己，不愿向他人敞开心扉，自我封闭，不愿外出活动，不愿与人打交道，表现出孤独、内向的性格特征。

6．父母离异导致农村地区高中生过分自责

自责表现为对个人能力和品质做出偏低的评价，从而自我责备、自我鄙视、自我轻蔑，将一切的不如意归因于自己不好，对自己所做的事抱有恐惧倾向。单亲家庭的子女有较为强烈的自卑感，他们感到自己不如别人，悲观失望。这部分农村地区高中学生由于对自己的评价偏低，因此，他们把学习的失败归因于自己的无能，不安、内疚、对自己失望，从而导致心理失衡。久而久之，他们对自己失去了信心，甚至对那些稍加努力就可以完成的任务，也因自叹无能而轻易放弃。许多单亲家庭的农村地区高中学生受到批评后，总认为是自己不好，在别人笑自己的时候，总认为是自己做错了什么事。

7．父母离异导致农村地区高中生陷入焦虑

单亲家庭子女在父母离婚的过程中看到的是人与人之间的互相攻击，学习到的是讨价还价、相互敌视，因此，他们对人与人之间的交往缺乏信心，而监护人由于家庭缺失引起情绪失调，他们极易把这种情绪带到与孩子的交往中，让孩子生活得提心吊胆，要花大量的时间来应付破碎后的家庭关系，对人与人之间的交往感到焦虑，缺乏安全感。长此以往，这部分农村地区高中生长大后在众人面前常感到不安、敏感，结交伙伴时总怕别人说自己的坏话，被人说了什么总是不开心，在与人相处中退缩、焦虑。

8. 父母离异导致农村地区高中生产生敌对情绪和攻击行为

因为父母婚姻关系的分裂，使家庭必然带来硝烟或冷战，孩子长期生活在压抑的空间中，时时为父母的关系而担忧，甚至有些孩子成了父母撒气、泄愤的出气筒，成天处在恐惧和担忧中，没有安全感，时刻担心、害怕家庭战争的爆发会使自己体无完肤。这样长期的生活折磨很容易使孩子产生恐惧心理和敌对情绪，对同伴永远保持距离，自我保护意识过强，敌对情绪很大，压抑、郁闷、烦躁，心理困扰无处排解。由于压抑太久，一旦爆发出来，负面能量很大，极易产生极端行为。这种倾向在农村地区高中女生身上表现为想痛哭或离家出走，在一些男孩身上则表现为攻击他人。

9. 父母离异导致农村地区高中生产生妒忌情绪

妒忌心理看起来似乎与家庭组成并无瓜葛，但笔者在从教生涯中发现，农村离异家庭的高中学生更容易产生妒忌心理。这是由于单亲家庭的孩子，无论在物质上还是精神上，所能获得的享受，一般来说不如健全家庭的孩子。健全家庭的孩子能得到的，单亲家庭的孩子不容易得到，他们的心理就容易从最初的羡慕演变成妒忌、憎恨，在行为上表现为对父母一方特别依恋，希望能从父母一方获得双倍的回报。在物质享受上，如果他们不能正确对待这种差距，认为别人有的，自己也应该要拥有，就容易走上盗窃的犯罪道路。

当然，离异家庭出身的农村地区高中学生也并不是没有优点，他们更加有志向，愿意在学习上付出得更多。这是因为他们虽然经历了不少家庭挫折，但是学习让他们获得了更多的自我成就感和自豪感，这是不少离异家庭学生的共性。很多学生都会将较多的经历转移到学习上，努力奋斗、刻苦拼搏，从而不断地提升自己的学习能力和知识水平，这对于从根本上提高自己的能力和素质有着无比重要的促进作用。很多学生都会选择努力奋斗来代替家庭生活的不足，从而来让自己走得更远。

第五节　校园暴力与农村地区高中生心理健康

近年来，我们经常会在互联网上看到校园暴力事件，这背后反映的就是校园欺凌行为，欺负弱小同学导致其人身伤害的事件时有发生。校园欺凌不是开玩笑，不仅会对学生的身体造成损害，还会对学生的心理造成严重的影响，令当事人的心灵和身体都受到伤害。高中阶段是学生身心发展的关键时期。生理上，他们趋近成熟，但在心理上，还比较幼稚。而且高中生正处于非常重要的人生阶段，需要全身心地投入到学习当中，校园欺凌的情况很可能会给他们带来一生的灾难。因此，我们的家庭、学校、社会有责任、有义务给他们提供一个健康良好的学习环境，从各方面对他们进行保护，不能忽略对他们进行心理上的正确引导。

那么什么是校园欺凌？校园欺凌就是指同学间欺负弱小、言语羞辱及敲诈勒索甚至殴打的行为等。校园欺凌多发生在小学和中学阶段，实施暴力环境多为僻静处。之前媒体不发达时候，大家以为校园暴力的情况并不多，其实早在几十年前就有，只是由于近些年网络发达，信息交流越来越便捷，所以大家会发现这种现象现在越来越多了。此种现象如果不加以遏制，不仅不利于高中生正常的生长发育和心理健康，也不利于高中教育的正常开展，影响教育教学质量。

2016 年联合国儿童基金会发布了校园霸凌报告，对 18 个国家的 10 万年轻人进行调查，显示其中 25% 的人曾经历过校园霸凌。腾讯曾做过一次关于校园霸凌的样貌调查，3. 6 万名网友参与调查，超过一半的人亲身经历过校园霸凌，有 1/4 的人欺负过别人，而其中的绝大部分霸凌者也都被别人欺负过。

笔者在当班主任的时候，也曾遇到过校园欺凌事件。那是在一次早读课上，笔者发现一个学生总低着头，开始时，以为他是犯困，于是尝试着叫他。但发现他不敢抬头正视，意识到情况不对后，就把他叫了出来。这时才发现，他脸上有好几道手印子，向他了解情况，他竟然说是自己不小心摔倒磕的。笔者试图让他敞开心扉说出实话，鼓励他不要害怕，有老师呢！终于，他讲述了事情的经过。原来是校内的几个孩子伙同校外的社会青年向他索要钱财，他说没有，才遭此毒手。心疼地抚摸着他脸颊上的那几道红手印，孩子却说："没事，我不疼。"笔者听到后更加难过与自责了，自责没能保护好班中的每一个孩子。了解情况后，及时向学校说明此事，并积极配合派出所调查。最后，校外的社会青年与校内的几个"问题孩子"都受到了应有的惩罚。针对这件事，笔者还专门开了班会，对本班学生进行了一次提高个人素质及加强安全防范意识的教育，取得了很好的成效。从那以后，便开始时刻关注学生的动向，后来班上再也没发生过一起校园欺凌事件。

还有一次是周五放学后，笔者照例叮嘱学生回家路上注意安全要赶紧回家不要在途中逗留。可刚走出校门，就发现班上一名学生甲在路边站着，还不时向某处张望。顺着他的目光看去，竟发现在他所望之处有一群人，大约有二十来人的样子，立刻意识到事情不对，经过询问得知他是在等班上的另一个同学乙，而乙就在不远处的人群中。笔者立刻吩咐学生甲把乙喊回来，并告诉他，老师在这里边打电话报警边等着他们平安归来。所幸的是，很快人群散了，他们也踏实地回家了。

这件事情过后，笔者又专门向乙了解当时的情况，他并不承认自己参与其中，只说是在看热闹。于是再次向他说明事情的严重性，无论是"欺人者"还是"被欺者"，甚至是旁观者，都要从这件事吸取教训，认识到校园欺凌的危害，保护自己，远离校园欺凌。由此看来，校园欺凌已经延伸到了校外，当教师遇到时，绝不能坐视不理，否则事态的严重性远不是我们所能估量到的。

目前，许多农村地区高中校园里普遍存在欺凌现象，校园欺凌对学生的生理和心理、对学生家庭乃至全社会都会造成巨大的负面影响，而校园欺凌现象已经引起了家长、学校和社会的普遍关注。据笔者对农村地区高中学生多年的观察，发现无论是校园暴力的实施者还是校园暴力的受害者，其心理上都存在不同程度的不健康因素，而形成高中校园欺凌现象的因素并不是单一的，应该从社会、学校、家庭以及学生个人等角度多方面去探究。

1. **家庭原因**

首先城市化进程的加快，为农民进城务工提供了大量的就业岗位，农村农业的收入在农民总收入中的比重逐渐下降，甚至一部分农民已彻底离开农村农业，长年在城市务工。但受现有的户籍制度和子女教育管理办法的限制，农民工子女无法跟随父母一起进城接受教育，只能留在户籍所在地上学。这些孩子的父母常年不在身边，造成他们常年得不到来自父母的应有的关爱，直接造成了孩子冷漠和麻木的性格，对受害者缺乏同情心，甚至以此为乐趣。同时，家长常把应试教育当作唯一的目标，忽视了德育教育、心理教育、法制教育，还有很大一部分家长在遇到问题时不对孩子进行深刻教育，往往采用粗暴打一顿的方式解决，无视孩子的缺点及存在的问题甚至放任自流。久而久之，这些孩子就会沾染上一些恶习，成为“问题孩子”，而这些现象就为校园欺凌埋下了祸根。一般而言，存在家庭暴力和处于动荡家庭中的孩子更容易成为欺凌他人者，或成为逆来顺受的受欺凌对象。在与人交往的过程中他们稍有不如意，就会孤立、当众嘲笑、辱骂对方甚至与对方产生肢体上的冲撞！

其次，由于常年在外务工，一些家长在心理上感觉愧对家里的孩子，为了弥补这份愧疚感，对自己的孩子显示出过度的溺爱，孩子说什么就是什么，家长不敢也不愿拒绝，甚至家长给予的时间稍微晚一些，这些孩子就不依不饶。家长遇到问题时也不对孩子进行深刻教育，只会一味地宠溺孩子，久而久之，以自己为中心、以自己的利益为半径，造成这些孩子个性的偏狭、自私和性格上的暴躁、乖戾。在与别人的交往中处处以我为王，以我独尊，希望别人随时随地听命于自己，一副江湖大哥的做派，遇到事情也是按照所谓的江湖办法去解决。

再次，由于部分家长的法律意识淡薄，价值观错误，导致一部分学生在上学期间对他人进行校园欺凌，情节严重者发展成为校园暴力。部分家长希望自己的孩子能够好好学习，将来能够出人头地，过分地强调学习的重要性，而忽略了对孩子性格和人品的教育。一些家长自身不懂法，法律意识淡薄，对于自己孩子在上学期间犯下的错误不以为然，认为没有什么大不了的，孩子还小犯点错误是在所难免的，再说小孩子他能够犯多大的错呢，大不了赔点钱，又不用承担什么法律责任……不能引起家长的高度重视，殊不知高中生已经接近成年，具有一定的辨别是非的能力了！

最后，近朱者赤，近墨者黑。永不要低估了环境对人的影响，环境不仅能影响人，还可以熏陶人，能在潜移默化之中改变一个人的性格，能从多个侧面直接或间接地影响着孩子的成长和发展，并支配着孩子的思想道德行为。良好的环境能造就一个品格高尚的人，反之会给孩子的成长带来负面影响。孩子在家时，稍微犯一点小错，家长就直接上手给予一顿胖揍，打完之后又不告诉孩子错在哪里，久而久之形成了孩子灰暗、叛逆的心理。此外，如果孩子的父母有暴力倾向或者父母之间经常吵架甚至存在家庭暴力现象，孩子在长期的耳闻目染中，不知不觉就学会使用暴力来解决问题。到了学校，他会使用暴力来欺凌比自己年龄小的、实力不如自己的孩子。

总之，在农村地区高中，欺凌他人的学生一般具有较强的攻击性，同时缺乏控制力、同情心和责任心。这一群体多以留守儿童及单亲家庭的孩子为主。而被欺负的学生往往缺少父母关爱，一般性情腼腆、怯弱，不能独立解决问题，自尊较低，缺乏自信，人际交往能力较弱，在学校里没有朋友。这类孩子的性格形成也多半受父母性格的影响。

2. **学校原因**

首先，一些学校“以成绩为标准，以高考为指挥棒”的教育理念，让老师在教学过程中只看重学生的成绩，只关注学生能否本科过线。在处理同学之间的矛盾时，往往有一种先入为主的观念——只要成绩好，其他的方面也是好的，而不能从实际出发了解事情的详细经过，只偏袒学习成绩好的。对于成绩好的学生而言，无形之中助长了他们的气焰，对成绩差的学生进行语言或肢体上的恶意攻击；对于成绩差的学生而言，老师的偏袒行为让他们看不到公正，得不到尊重，他们当中一部分学生选择了沉默，一部分学生则会自暴自弃，选择暴力为自己讨回公平。片面地追求高考过线率在一定程度上助长了校园欺凌现象的发展。

其次，部分老师的教育教学理念陈旧，他们相信所谓的严师出高徒，棍棒之下出高分，他们本身的法制观念薄弱，在学生出现问题时，不是积极地和学生沟通，进行说服教育，而是对学生进行体罚甚至是殴打学生，这在无形之中为学生树立了一个不好的形象。

最后，一些学校为了降低辍学率，对一部分犯错的学生一忍再忍、姑息养奸，造成了学生不知畏惧，不知悔改，不断挑战校规校纪，甚至触犯法律。

3. 社会原因

快捷方便的社交方式和现代化的高科技，给高中生带来了新知识、新视野，但同时也给他们带来了一些负面影响。一些带有暴力情节的暴力网络游戏、暴力书籍、暴力影视、色情电影、色情书籍等给孩子的心理造成恶劣影响。而这些充满负能量的东西，学生可以轻而易举地得到。青少年的自控能力还比较弱，他们长期接受这种以暴制暴和色情信息，会在不知不觉中模仿欺凌或者暴力行为甚至是其他的违法犯罪行为。黑帮大哥、江湖兄弟情、血腥暴力成为部分高中生盲目崇拜追捧的对象，这些都导致部分高中生在生活中不自觉地进行效仿，从中获得“存在感”与“成就感”，从而引发校园欺凌事件。

作为教育从业者，要坚决杜绝校园暴力的发生，维护每一个学生的生理和心理健康。农村学生大多数是留守儿童，升入高中之后大部分都是寄宿在学校，发生在他们身边的校园欺凌事件具有较高的隐蔽性，很难被察觉，这就给教师防范校园欺凌工作增加了一定的难度。正因为如此，教师更应该细心观察，如果看到学生脸上、身上有伤疤，情绪不稳定，上课人不在，找借口逃学，无故旷课，酗酒或攻击他人等现象，就要引起充分重视，很可能这就是校园欺凌的萌芽状态。这也要求教师尤其是班主任在日常的班级事务管理中，不能只关注学生的成绩，更要注意学生每天的细小变化，真正做到全方位关心青少年的生活和成长。

第四章　农村地区高中生心理健康评估方式

第一节　测试：精神症状自评与焦虑自我测评

一、精神症状自评

学生可通过本测试对自身精神状况进行初步掌握，测试方法如下：

每项问题后附有五级评分可供选择，测试者需根据自己一周内的感觉和体会，选择相应的评分。评分标准如下：

没有——自觉无该项症状。

很轻——自觉有该项症状，但对受测者并无实际影响或影响轻微。

中等——自觉有该项症状，对受测者有一定影响。

偏重——自觉常有该项症状，对受测者有相当程度的影响。

严重——自觉该症状的频度和强度都十分严重，对受测者的影响严重。

这里的轻重程度应该由自评者根据症状的频度、强度给自己带来的痛苦和烦恼以及工作、学习、生活中的心理社会功能损害来综合评定。而具体评分，则由受测者来感觉体会，不必做硬性规定。

注意事项：

1. 测试者应看清评定要求，所选结果没有对错之分，只需选出独立的、不受任何人影响的自我评定即可。

2. 评定的时间范围最好是“现在”或者是“最近一周”。

3. 每次评定一般在20分钟内完成。

测试说明：请仔细阅读以下列出的每一个问题，然后根据最近一周内下述情况影响您的实际感觉，在每个问题后标明该题的程度得分。其中，“没有”选1，“很轻”选2，“中等”选3，“偏重”选4，“严重”选5。

1. 头痛。(1 ~2 ~3 ~4 ~5)
2. 神经过敏，心中不踏实。(1 ~2 ~3 ~4 ~5)
3. 头脑中有不必要的想法或字句盘旋。(1 ~2 ~3 ~4 ~5)
4. 头昏或昏倒。(1 ~2 ~3 ~4 ~5)
5. 对异性的兴趣减退。(1 ~2 ~3 ~4 ~5)
6. 对旁人责备求全。(1 ~2 ~3 ~4 ~5)
7. 感到别人能控制您的思想。(1 ~2 ~3 ~4 ~5)
8. 责怪别人制造麻烦。(1 ~2 ~3 ~4 ~5)
9. 忘性大。(1 ~2 ~3 ~4 ~5)
10. 担心自己的衣饰整齐及仪态的端正。(1 ~2 ~3 ~4 ~5)
11. 容易烦恼和激动。(1 ~2 ~3 ~4 ~5)
12. 胸痛。(1 ~2 ~3 ~4 ~5)
13. 害怕空旷的场所或街道。(1 ~2 ~3 ~4 ~5)
14. 感到自己的精力下降，活动减慢。(1 ~2 ~3 ~4 ~5)
15. 想结束自己的生命。(1 ~2 ~3 ~4 ~5)
16. 听到旁人听不到的声音。(1 ~2 ~3 ~4 ~5)
17. 发抖。(1 ~2 ~3 ~4 ~5)
18. 感到大多数人都不可信任。(1 ~2 ~3 ~4 ~5)
19. 胃口不好。(1 ~2 ~3 ~4 ~5)
20. 容易哭泣。(1 ~2 ~3 ~4 ~5)
21. 同异性相处时感到害羞不自在。(1 ~2 ~3 ~4 ~5)
22. 感到受骗，中了圈套或有人想抓住您。(1 ~2 ~3 ~4 ~5)
23. 无缘无故地突然感到害怕。(1 ~2 ~3 ~4 ~5)

24. 自己不能控制地大发脾气。(1 ~2 ~3 ~4 ~5)
25. 怕单独出门。(1 ~2 ~3 ~4 ~5)
26. 经常责怪自己。(1 ~2 ~3 ~4 ~5)
27. 腰痛。(1 ~2 ~3 ~4 ~5)
28. 感到难以完成任务。(1 ~2 ~3 ~4 ~5)
29. 感到孤独。(1 ~2 ~3 ~4 ~5)
30. 感到苦闷。(1 ~2 ~3 ~4 ~5)
31. 过分担忧。(1 ~2 ~3 ~4 ~5)
32. 对事物不感兴趣。(1 ~2 ~3 ~4 ~5)
33. 感到害怕。(1 ~2 ~3 ~4 ~5)
34. 感情容易受到伤害。(1 ~2 ~3 ~4 ~5)
35. 旁人能知道自己的心理想法。(1 ~2 ~3 ~4 ~5)
36. 感到别人不理解自己、不同情自己。(1 ~2 ~3 ~4 ~5)
37. 感到人们对自己不友好，不喜欢自己。(1 ~2 ~3 ~4 ~5)
38. 做事必须做得很慢以保证做得正确。(1 ~2 ~3 ~4 ~5)
39. 心跳得很厉害。(1 ~2 ~3 ~4 ~5)
40. 恶心或胃部不舒服。(1 ~2 ~3 ~4 ~5)
41. 感到比不上他人。(1 ~2 ~3 ~4 ~5)
42. 肌肉酸痛。(1 ~2 ~3 ~4 ~5)
43. 感到有人在监视自己、谈论自己。(1 ~2 ~3 ~4 ~5)
44. 难以入睡。(1 ~2 ~3 ~4 ~5)
45. 做事必须反复检查。(1 ~2 ~3 ~4 ~5)
46. 难以作出决定。(1 ~2 ~3 ~4 ~5)
47. 怕乘电车、公共汽车、地铁或火车。(1 ~2 ~3 ~4 ~5)
48. 呼吸有困难。(1 ~2 ~3 ~4 ~5)
49. 一阵阵发冷或发热。(1 ~2 ~3 ~4 ~5)
50. 因为感到害怕而避开某些东西、场合或活动。(1 ~2 ~3 ~4 ~5)
51. 脑子变空了。(1 ~2 ~3 ~4 ~5)

52．身体发麻或刺痛。(1～2～3～4～5)
53．喉咙有哽塞感。(1～2～3～4～5)
54．感到前途渺茫没有希望。(1～2～3～4～5)
55．不能集中注意。(1～2～3～4～5)
56．感到身体的某一部分软弱无力。(1～2～3～4～5)
57．感到紧张或容易紧张。(1～2～3～4～5)
58．感到手或脚发重。(1～2～3～4～5)
59．想到死亡的事。(1～2～3～4～5)
60．吃得太多。(1～2～3～4～5)
61．当别人看着您或谈论您时感到不自在。(1～2～3～4～5)
62．有一些不属于您自己的想法。(1～2～3～4～5)
63．有想打人或伤害他人的冲动。(1～2～3～4～5)
64．醒得太早。(1～2～3～4～5)
65．必须反复洗手、点数目或触摸某些东西。(1～2～3～4～5)
66．睡得不稳不深。(1～2～3～4～5)
67．有想摔坏或破坏东西的冲动。(1～2～3～4～5)
68．有一些别人没有的想法或念头。(1～2～3～4～5)
69．感到对别人神经过敏。(1～2～3～4～5)
70．在商店或电影院等人多的地方感到不自在。(1～2～3～4～5)
71．感到做任何事情都很困难。(1～2～3～4～5)
72．感到一阵阵恐惧或惊恐。(1～2～3～4～5)
73．感到在公共场合吃东西很不舒服。(1～2～3～4～5)
74．经常与人争论。(1～2～3～4～5)
75．独自一个人时感到神经紧张。(1～2～3～4～5)
76．感到别人对自己的成绩没有作出恰当的评价。(1～2～3～4～5)
77．即使和别人在一起也感到孤单。(1～2～3～4～5)
78．感到坐立不安、心神不定。(1～2～3～4～5)
79．感到自己没有任何价值。(1～2～3～4～5)

80. 感到熟悉的东西变成陌生或不像是真的。(1 ~2 ~3 ~4 ~5)

81. 大叫或摔东西。(1 ~2 ~3 ~4 ~5)

82. 害怕会在公共场合昏倒。(1 ~2 ~3 ~4 ~5)

83. 感到别人想占自己的便宜。(1 ~2 ~3 ~4 ~5)

84. 为一些有关性的想法而苦恼。(1 ~2 ~3 ~4 ~5)

85. 认为应该因为自己的过错而受到惩罚。(1 ~2 ~3 ~4 ~5)

86. 感到要很快把事情做完。(1 ~2 ~3 ~4 ~5)

87. 感到自己的身体有严重问题。(1 ~2 ~3 ~4 ~5)

88. 从未感到和其他人很亲近。(1 ~2 ~3 ~4 ~5)

89. 感到自己有罪。(1 ~2 ~3 ~4 ~5)

90. 感到自己的脑子有毛病。(1 ~2 ~3 ~4 ~5)

测试结果:

1. 单项分：各项目的评分值。
2. 总分：所有单项分之和，即得到总分。
3. 总均分：单项的平均分 = 总分/90。
4. 阳性项目数：单项分大于或等于 2 的项目数。
5. 阴性项目数：单项分等于 1 的项目数。
6. 阳性症状均分：阳性项目的平均分 = 阳性项目评分之和/阳性项目数。
7. 因子分：因子内的单项平均分 = 因子各单项分之和/因子的项目数。

结果分析:

1. 总分能反映病情严重程度，总分变化能反映其病情演变。阳性项目数及阳性均分反映自我感觉不佳范围及其程度，也可在一定程度上代表其疾病的严重性。

2. 因子分及廓图：因子分可反映症状群特点和严重程度。根据因子分还可以画出廓图，给人以直观印象。

3. 分界值：我国学者根据中国常模结果提出了应用的分界值，总分超过 160 分，或阳性项目数超过 43 项，或任一因子分大于 2 分，可考虑筛查阳性，需进一步检查。

二、焦虑自我测评

评定时间为过去一周内。

测试方法：题目后面括号中的分数所代表的意思依次是“很少有”“有时有”“大部分时间有”“绝大多数时间有”。

1. 我感到比往常更加神经过敏和焦虑。(1～2～3～4)
2. 我无缘无故感到担心。(1～2～3～4)
3. 我容易心烦意乱或感到恐慌。(1～2～3～4)
4. 我感到我的身体好像被分成几块，支离破碎。(1～2～3～4)
5. 我感到事事顺利，不会有倒霉的事情发生。(4～3～2～1)
6. 我的四肢抖动和震颤。(1～2～3～4)
7. 我因头痛、颈痛和背痛而烦恼。(1～2～3～4)
8. 我感到无力而且容易疲劳。(1～2～3～4)
9. 我感到平静，能安静坐下来。(4～3～2～1)
10. 我感到我的心跳较快。(1～2～3～4)
11. 我因阵阵的眩晕而不舒服。(1～2～3～4)
12. 我有时刻要晕倒的感觉。(1～2～3～4)
13. 我呼吸时进气和出气都不费力。(4～3～2～1)
14. 我的手指和脚趾感到麻木和刺痛。(1～2～3～4)
15. 我因胃痛和消化不良而苦恼。(1～2～3～4)
16. 我必须时常排尿。(1～2～3～4)
17. 我的手总是温暖而干燥。(4～3～2～1)
18. 我觉得脸发烧发红。(1～2～3～4)
19. 我容易入睡，晚上休息得很好。(4～3～2～1)
20. 我做噩梦。(1～2～3～4)

评分标准：焦虑自评量表采用记分制，把各题的得分相加即为总分，总分乘以1.25，四舍五入取整数即得标准分。临界值为50，分值越高，焦虑倾向越明显。

第二节　测试：你是否处于亚健康状态

学生可对照下面这些症状，测一测自己是不是属于亚健康，或是亚健康到了什么状态。

1. 早上起床时，有不少的头发丝掉落。(5 分)

2. 感到情绪有些抑郁，会对着窗外的天空发呆。(3 分)

3. 昨天想好的某件事，今天怎么也记不起来了，而且最近经常会出现这种情况。(10 分)

4. 害怕走进教室，觉得学习令人厌倦。(5 分)

5. 不想面对老师和同学，有一种自闭症式的渴望。(5 分)

6. 学习效率明显下降，老师已察觉了你的不对劲。(5 分)

7. 每天学习一小时后，就感到身体倦怠，胸闷气短。(10 分)

8. 学习情绪始终无法高涨，无名的火气很大，但又没有精力发作。(5 分)

9. 三餐进食甚少。排除天气因素，即使口味非常适合自己的菜也经常如嚼干蜡。(5 分)

10. 盼望早早地逃离学校，为的是能够回家，躺在床上休息片刻。(5 分)

11. 对环境的污染、噪声非常敏感，比常人更渴望清幽，休养身心。(5 分)

12. 不再像以前那样热衷于同学和朋友的聚会，有种强打精神，勉强应酬的感觉。(2 分)

13. 晚上经常睡不着觉，即使睡着也老是在做梦，睡眠质量很糟糕。(10 分)

14. 体重有明显的下降趋势，早上起来，发现眼眶深陷，下巴突出。(10 分)

15. 感觉免疫力在下降，春秋流感一来，自己首当其冲，难逃“流”运。(5 分)

16. 体能下降。同学和朋友提出一起进行体育游戏，但你却感到疲惫不堪，没有什么欲望。(10 分)

评分标准：选“是”为括号内的分数，选“否”为零分。测试之后，将所得分数相加。

结果分析：如果你的累积得分超过30分，表明健康已敲响警钟；如果累积得分超过50分，就需要坐下来，好好反思你的生活状态，加强锻炼和营养搭配等；如果累积得分超过80分，赶紧调整自己的心理。

第三节 测试：伯恩斯抑郁症清单（BDC）与强迫症自测量表

一、伯恩斯抑郁症清单（BDC）

美国新一代心理治疗专家、宾夕法尼亚大学的David D. Burns博士设计出一套抑郁症的自我诊断表——伯恩斯抑郁症清单（BDC），这个自我诊断表可帮助你快速诊断出是否存在抑郁症。

请在符合你情绪的项上打分：0分（没有），1分（轻度），2分（中度），3分（严重）。

1. 悲伤：你是否一直感到伤心或悲哀？
2. 泄气：你是否感到前景渺茫？
3. 缺乏自尊：你是否觉得自己没有价值或自以为是一个失败者？
4. 自卑：你是否觉得力不从心或自叹比不上别人？
5. 内疚：你是否对任何事都自责？
6. 犹豫：你是否在做决定时犹豫不决？
7. 焦躁不安：这段时间你是否一直处于愤怒和不满状态？
8. 对生活丧失兴趣：你对事业、家庭、爱好或朋友是否丧失了兴趣？
9. 丧失动机：你是否感到一蹶不振做事情毫无动力？
10. 自我印象可怜：你是否以为自己已衰老或失去魅力？
11. 食欲变化：你是否感到食欲不振或情不自禁地暴饮暴食？

12．睡眠变化：你是否患有失眠症或整天感到体力不支、昏昏欲睡？

13．丧失性欲：你是否丧失了对性的兴趣？

14．臆想症：你是否经常担心自己的健康？

15．自杀冲动：你是否认为生存没有价值，或生不如死？

测试后，请算出你的总分并评出你的抑郁程度。

0～4 分，没有抑郁症；

5～10 分，偶尔有抑郁情绪；

11～20 分，有轻度抑郁症；

21～30 分，有中度抑郁症；

31～45 分，有严重抑郁症。

注意：中度和严重抑郁症要立即到心理专科诊治。

二、强迫症自测量表

在下面各种情况中，请在符合你情况的题目后面做上标记。

1．我常产生对病菌和疾病毫无必要的担心。

2．我常反复洗手而且洗手的时间很长，超过正常所必需。

3．我有时在头脑中毫无理由地重复出现相同的内容、句子或数字。

4．我觉得自己穿衣、脱衣、清洗、走路时要遵循特殊的顺序。

5．我常常没有必要地对东西进行过多地检查，如检查门窗、开关、钱物、文件等。

6．我不得不反复好几次做某些事情，直到我认为自己已经做好了为止。

7．我对自己做的大多数事情都要产生怀疑。

8．一些不愉快的想法常违背我的意愿进入我的头脑，使我不能摆脱。

9．我常常设想自己粗心大意或细小的差错会引起灾难性的后果。

10．我时常无原因地担心自己患了某种疾病。

11．我时常无原因地计数。

12．在某些场合，我很害怕失去控制而作出尴尬的事。

13．我经常迟到，因为我没有必要地花了很多时间重复做某些事情。

14. 当我看到刀、匕首和其他尖锐物品时会感到心烦意乱。

15. 我为要完全记住一些不重要的事情而困扰。

16. 有时我有毫无原因地想要破坏某些物品或伤害他人的冲动。

17. 在某些场合，即使当时我生病了，我也想暴食一顿。

18. 当我听到自杀、犯罪或生病时，我会心烦意乱很长时间，很难不去想它。

测试结果：当上面一条或一条以上的症状持续存在，已经影响你的正常生活时，你有必要找心理医生咨询。

第四节　测试：社会适应能力诊断量表与抗挫折能力度量表

一、社会适应能力诊断量表

社会适应能力对于普遍较羞怯的农村地区高中学生来说非常重要，指的是一个人在心理上适应社会生活和社会环境的能力。从某种意义上说，社会适应能力的高低表明一个人的成熟程度。下面的问题能帮助你进行社会适应能力的自我判别，请把答案填在括号内：是、无法肯定、不是。

1. 每到一个新环境，我总要经过很长一段时间才能适应。（　）

2. 每到一个新的地方，我很容易同别人接近。（　）

3. 在陌生人面前，我常无话可说，以至感到尴尬。（　）

4. 我最喜欢学习新知识或新学科，它给我一种新鲜感，能调动我的积极性。（　）

5. 每到一个新地方，我第一天总是睡不好，就是在家里，只要换一张床，有时也会失眠。（　）

6. 不管生活条件有多大变化，我都能很快习惯。（　）

7. 越是人多的地方，我越感到紧张。（　）

8. 在正式比赛或考试时，我的成绩多半不会比平时练习差。（　）

9. 我最怕在会上发言，所有人都看着我，心都快跳出来了。(　　)

10. 即使有的同学对我有看法，我仍能同他（她）交往。(　　)

11. 领导或老师在场的时候，我做事情总有些不自在。(　　)

12. 和同学、家人相处，我很少固执己见，乐于采纳别人的看法。(　　)

13. 同别人争论时，我常常感到语塞，事后才想起该怎样反驳对方，可惜已经太迟了。(　　)

14. 我对生活条件要求不高，即使生活条件很艰苦，我也能过得很愉快。(　　)

15. 有时自己明明已经掌握了技术要领，可在实际操作的时候还是会出差错。(　　)

16. 在决定胜负成败的关键时刻，我虽然很紧张，但总能很快使自己镇定下来。(　　)

17. 我不喜欢的东西，不管怎么学也学不会。(　　)

18. 在嘈杂混乱的环境里，我仍然能集中精力学习，并且效率较高。(　　)

19. 我不喜欢陌生人来家里做客，每逢这种情况，我就有意回避。(　　)

20. 我很喜欢参加社交活动，我感到这是交朋友的好机会。(　　)

评分标准：

1. 凡是单数号题（1，3，5，7，…），“是”为 -2 分，“无法肯定”为 0 分，“不是”为 2 分。

2. 凡是双数号题（2，4，6，8，…），“是”为 2 分，“无法肯定”为 0 分，“不是”为 -2 分。

将各题的得分相加，即得总分。

35 ~ 40 分：社会适应能力很强，能很快地适应新的学习、生活环境，与人交往轻松、大方，给人的印象极好，无论进入什么样的环境，都能应付自如、左右逢源。

29 ~ 34 分：社会适应能力良好。

17 ~ 28 分：社会适应能力一般，当进入一个新环境，经过一段时间的努力，基本上能适应。

6~16 分：社会适应能力较差，依赖于较好的学习、生活环境，一旦遇到困难则易怨天尤人，甚至消沉。

5 分以下：社会适应能力很差，在各种新环境中，即使经过一段相当长时间的努力，也不一定能够适应，常常因与周围事物格格不入而感到十分苦恼。在与他人的交往中，总是显得拘谨、羞怯、手足无措。

二、抗挫折能力度量表

心理学上所说的挫折，是指人们为实现预定目标采取的行动受到阻碍而不能克服时，所产生的一种紧张心理和情绪反应。学生可根据本测试的结果对自身抗挫折能力进行评估。

1. 在过去的一年中，你自认为遭受挫折的次数：

A. 0~2 次；　B. 3~4 次；　C. 5 次以上

2. 你每次遇到挫折：

A. 大部分都能自己解决；　B. 有一部分能解决；

C. 大部分解决不了

3. 你对自己才华和能力的自信程度如何：

A. 十分自信；　B. 比较自信；　C. 不太自信

4. 你对问题经常采用的方法是：

A. 知难而进；　B. 找人帮助；　C. 放弃目标

5. 有非常令人担心的事时，你会：

A. 无法工作或学习；　B. 工作或学习照样不误；

C. 介于 A、B 之间

6. 碰到讨厌的对手时，你会：

A. 无法应付；　B. 应付自如；　C. 介于 A、B 之间

7. 面临失败时，你：

A. 破罐破摔；　B. 将失败转化为成功；　C. 介于 A、B 之间

8. 工作或学习进展不快时，你会：

A. 焦躁万分；　B. 冷静地想办法；　C. 介于 A、B 之间

9. 碰到难题时，你会：

A. 失去自信；　　B. 为解决问题而动脑筋；

C. 介于 A、B 之间

10. 工作或学习中感到疲劳时：

A. 总是想着疲劳，脑子不好使了；

B. 休息一段时间，就忘了疲劳；

C. 介于 A、B 之间

11. 工作或学习条件恶劣时，你会：

A. 无法工作或学习；

B. 能克服困难做好该做的；

C. 介于 A、B 之间

12. 产生自卑感时，你会：

A. 不想再继续工作或学习；

B. 立即振奋精神继续工作或学习；

C. 介于 A、B 之间

13. 被委以很难完成的任务时，你会：

A. 顶回去了事；　　B. 千方百计干好；

C. 介于 A、B 之间

14. 困难落到自己头上时，你会：

A. 厌恶之极；　　B. 认为是个锻炼；　　C. 介于 A、B 之间

评分标准：

1 ~ 4 题，选择 A、B、C 分别得 2、1、0 分；

5 ~ 14 题，选择 A、B、C 分别得 0、2、1 分。

19 分以上：说明你的抗挫折能力很强。

9 ~ 18 分：说明你虽有一定的抗挫折能力，但对某些挫折的抵抗力薄弱。

8 分以下：说明你的抗挫折能力很弱。

第五节　测试：沟通能力度量表与 EPQ 人格测试

一、沟通能力度量表

良好的沟通能力是处理好人际关系的关键。具有良好的沟通能力可以使你能更好地表达自己的思想和情感，获得别人的理解和支持，从而和身边的各类人保持良好的关系。沟通技巧较差的个体常常会被别人误解，给别人留下不好的印象，甚至无意中对别人造成伤害。

每个人都有独特的与人沟通和交流的方式。阅读下面的情境性问题，只需回答“是”“否”即可，请尽快回答，注意不要遗漏。

请你就以下问题认真地问问自己：

1. 你真心相信沟通在组织中的重要性吗?
2. 在日常生活中，你在寻求沟通的机会吗?
3. 当你站在演讲台时，能很清晰地表达自己的观点吗?
4. 在人多的场合中，你善于发表自己的观点吗?
5. 你是否经常与朋友保持联系?
6. 在休闲时间，你经常阅读书籍和报纸吗?
7. 你能自行构思，写出一份报告吗?
8. 对于一篇文章，你能很快区分其优劣吗?
9. 在与别人沟通的过程中，你都能清楚地传达想要表达的意思吗?
10. 你觉得你的每一次沟通都是成功的吗?
11. 你觉得自己的沟通能力对自己有很大帮助吗?
12. 你喜欢与你的老师或同学一起进餐吗?

评分标准：在以上回答中，回答“是”得1分，回答“否”不得分。8 ~ 12 分，说明协调沟通能力比较好；1 ~ 7 分，说明协调沟通能力不太好，需要好好培养。

二、EPQ 人格测试

这是一个测试人格的问卷，共有 88 个问题，不存在正确或错误的回答，不用花太多时间思考，这些问题要求你按自己的实际情况回答，如果是，就在题目后面画“+”号，如果不是，就在题目后面画“-”号，回答完后，填写在答题纸的相应题号后面。

1. 你是否有许多不同的兴趣爱好？
2. 你是否在做任何事情以前都要停下来仔细思考？
3. 你的心境是否常有起伏？
4. 你曾有过明知是别人的功劳而你去接受奖励的事吗？
5. 你是否健谈？
6. 亏欠别人会使你不安吗？
7. 你曾无缘无故觉得“真是难受”吗？
8. 你曾贪图过分外之物吗？
9. 你是否在晚上小心翼翼地关好门窗？
10. 你是否比较活跃？
11. 你在见到一小孩或一动物受折磨时是否会感到非常难过？
12. 你是否常常为自己不该做而做了的事、不该说而说了的话而紧张？
13. 你喜欢跳降落伞吗？
14. 通常你能在联欢会中尽情地玩吗？
15. 你容易激动吗？
16. 你曾经将自己的过错推给别人吗？
17. 你喜欢会见陌生人吗？
18. 你是否相信保险制度是一种好办法？
19. 你是一个容易伤感的人吗？
20. 你所有的习惯都是好的吗？
21. 在社交场合你是否总不愿露头角？
22. 你会服用奇异或危险作用的药物吗？

23. 你常有“厌倦”之感吗？
24. 你曾拿过别人的东西吗（哪怕一针一线）？
25. 你是否常爱外出？
26. 你是否会因伤害你所爱的人而感到快乐？
27. 你常为有罪恶之感所苦恼吗？
28. 你在谈论中是否有时不懂装懂？
29. 你是否宁愿看书而不愿多见人？
30. 你想要伤害你的仇人吗？
31. 你觉得自己是一个神经过敏的人吗？
32. 对人有所失礼时你是否经常要表示歉意？
33. 你有许多朋友吗？
34. 你是否喜爱讲些有时确能伤害人的笑话？
35. 你是一个多忧多虑的人吗？
36. 你在童年是否按照吩咐要做什么便做什么，毫无怨言？
37. 你认为你是一个乐天派吗？
38. 你很讲究礼貌和整洁吗？
39. 你是否总在担心会发生可怕的事情？
40. 你曾损坏或遗失过别人的东西吗？
41. 交新朋友时一般是你采取主动吗？
42. 当别人向你诉苦时，你是否容易理解他们的苦衷？
43. 你认为自己很紧张，如同“拉紧的弦”一样吗？
44. 在没有废纸篓时，你是否将废纸扔在地板上？
45. 当你与别人在一起时，你是否言语很少？
46. 你是否认为结婚制度很过时了，应该废止？
47. 你有时是否感到自己很可怜？
48. 你有时是否有点自夸？
49. 你是否很容易将一个沉寂的集会搞得活跃起来？
50. 你是否讨厌那种小心翼翼的人？

51. 你为你的健康担忧吗？
52. 你曾讲过什么人的坏话吗？
53. 你是否喜欢对朋友讲笑话和有趣的故事？
54. 你小时候曾对父母粗暴无礼吗？
55. 你是否喜欢与人混在一起？
56. 你若知道自己有错误，这会使你感到难过吗？
57. 你失眠吗？
58. 你吃饭前必定洗手吗？
59. 你常无缘无故感到无精打采和倦怠吗？
60. 和别人玩游戏时，你有过欺骗行为吗？
61. 你是否喜欢从事一些动作迅速的工作？
62. 你的母亲是一位善良的人吗？
63. 你是否常常觉得人生非常无味？
64. 你曾利用过某人为自己取得好处吗？
65. 你是否常常参加许多活动，在你所允许的时间范围内？
66. 是否有几个人总在躲避你？
67. 你是否为你的容貌而非常烦恼？
68. 你是否觉得人们为了未来有保障而办理储蓄和保险所花的时间太多？
69. 你曾有过不如死了为好的愿望吗？
70. 如果有把握永远不会被别人发现，你会逃税吗？
71. 你能使一个集会顺利进行吗？
72. 你能克制自己不对人无礼吗？
73. 遇到一次难堪的经历后，你是否在很长一段时间内还感到难受？
74. 你患有“神经过敏”吗？
75. 你曾经故意说些什么来伤害别人的感情吗？
76. 你与别人的友谊是否容易破裂，虽然不是你的过错？
77. 你常感到孤单吗？
78. 当人家寻你的差错，找你的缺点时，你是否容易在精神上受挫？

79. 你赴约曾迟到过吗?

80. 你喜欢忙忙碌碌地过日子吗?

81. 你愿意别人怕你吗?

82. 你是否觉得有时浑身有劲，而有时又是懒洋洋的?

83. 你有时把今天应做的事拖到明天去做吗?

84. 别人认为你生机勃勃吗?

85. 别人是否对你说了许多谎话?

86. 你是否容易对某些事物上火?

87. 当你犯了错误时，你是否常常愿意承认它?

88. 你会为一动物落入圈套被捉拿而感到很难过吗?

评分标准:

E 分：是，1、5、10、13、14、17、25、33、37、41、49、53、55、61、65、71、80、84；否，21、29、45（共 21 项）。

P 分：是，22、26、30、34、46、50、66、68、75、76、81、85；否，2、6、9、11、18、38、42、56、62、72、88（共 23 项）。

N 分：是，3、7、12、15、19、23、27、31、35、39、43、47、51、57、59、63、67、69、73、74、77、78、82、86；否，无（共 24 项）。

L 分：是，20、32、36、58、87；否，4、8、16、24、28、40、44、48、52、54、60、64、70、79、83（共 20 项）。

通用的 EPQ 是一种自陈量表，包括 4 个量表：

E——内外向；

N——情绪稳定性；

P——倔强性、讲求实际；

L——效度量表。

E 维因素与中枢神经的兴奋、抑制的强度密切相关。N 维因素与植物性神经的不稳定性密切相关。遗传因素不仅对 E 和 N 因素有强烈影响，而且也与 P 因素有关。P 量表发展较晚，不及 E、N 量表成熟。L 量表用于测试被试者的“掩饰”倾向，同时也能测量被试的真诚性的人格，L 量表分值易受年龄的影响，一般成人 L 分随年龄而升高。

1. E 量表的简易解释

分数高于 15，表示人格外向，可能是好交际，喜欢参加联欢会，朋友多，需要有人同他谈话，不爱一个人阅读和做研究，渴望刺激和冒险，情感易于冲动，喜欢实际的工作，回答问题迅速，漫不经心，随和，乐观，喜欢谈笑，好动而不喜静，倾向进攻。总的来说，是情绪失控的人，不太踏实。

分数低于 8，表示人格内向，如好静，富于内省，不喜欢刺激，喜欢有秩序的生活方式，情绪比较稳定，保守，与人保持一定的距离（除非挚友），倾向于事前有计划，做事瞻前顾后，不凭一时冲动，不喜欢兴奋的事，日常生活有规律、严谨。很少有进攻行为，多少有些悲观。踏实可靠，价值观念以是非伦理为标准。

2. N 量表的简易解释

N 因素与植物性神经的不稳定性密切相关。正常人也具有神经质和精神质，高级神经的活动在不利因素影响下向病理方面发展，神经质可以发展成为神经症，精神质可以发展成为精神病。

典型情绪不稳（N 分特高）：分数高于 14 分表示焦虑、紧张、易怒，往往又有抑郁。睡眠不好，患有各种心身障碍。情绪过分，对各种刺激的反应都过于强烈，情绪激发后又很难平复下来。由于强烈的情绪反应而影响了正常生活。不可理喻，甚至有时走上危险道路。在与外向结合时，这种人是容易冒火的和不休息的，以至激动、进攻。总的来说，是一个紧张的人，好抱偏见，以至犯错误会忧心忡忡、常郁郁不乐，有强烈情绪反应，甚至出现不够理智的行为。

情绪稳定（N 分很低）：分数低于 9 分表示情绪稳定。倾向于情绪反应缓慢、弱，即使激起了情绪也很快平复下来。通常是平静的，即使生点气也是有节制的，并且不紧张。

3. P 量表的简易解释

分数高于 8 表示可能是孤独、不关心他人，难以适应外部环境，不近人情，与别人不友好，喜欢寻衅搅扰，喜欢干奇特的事情，并且不顾危险。不人道，缺乏同情心，而且感觉迟钝。对人抱有敌意，即使是对亲友也是如此，进攻，喜欢恶作剧，总喜欢捣乱。

4. L 量表的简易解释

L 量表是测试被试者的“掩饰”倾向，即不真实的回答，同时也有测试被试者纯朴性的作用。经艾森克等人的因素分析计算，前 3 个量表代表人格结构的 3 种维度，它们是彼此独立的，L 则是效度量表，代表假托的人格特质，也表现社会性朴实、幼稚的水平。L 虽与其他量表有某些相关，但其本身却代表一种稳定的人格功能。L 量表分如高于 18，显示被试者有掩饰倾向，测验结果可能失真。

第六节　农村地区高中生心理测试案例分析

益阳市第十五中学共计 1653 人参与精神症状自评等八项心理健康评估测试。高一年级参与人数 593 人，其中，男生 295 人，女生 298 人。高二年级参与人数 477 人，其中，男生 271 人，女生 206 人。高三年级参与人数 583 人，其中，男生 298 人，女生 285 人。

（1）在精神症状自测试中，总分超过 160 分的：高一 178 人（男生 101 人，女生 77 人），占年级总人数的 30% 左右；高二 72 人（男生 43 人，女生 29 人），占年级总人数的 15% 左右；高三 53 人（男生 32 人，女生 21 人），占年级总人数的 9% 左右。该量表可以用来评定一个人是否有某种心理症状及其严重程度。从高一到高三的对比数据可以看出，通过在校三年的学习，学生对自我认知有了更好的了解，由于教师的教育和学生自身认知的改变，总分高于 160 分的学生呈递减趋势。学校教育在改变学生认知中起重要作用。

（2）在焦虑自评测试中，标准分超过 50 分的：高一 363 人（男生 188 人，女生 175 人），占年级总人数的 61% 左右；高二 325 人（男生 165 人，女生 160 人），占年级总人数的 68% 左右；高三 377 人（男生 177 人，女生 200 人），占年级总人数的 65% 左右。相对而言，高一年级整体的焦虑程度低于高二和高三年级。由于学考以及高考升学压力的影响，越到高年级，焦虑越普遍，焦虑程度也越高。

（3）在“你是否处于亚健康状态”的测试中，总分超过 30 分的：高一 82 人，占年级总人数的 14% 左右；高二 93 人，占年级总人数的 19% 左右；高三 89 人，占年级总人数的 15% 左右。因我校为寄宿制学校，平时较为重视学生的体育锻炼，两课两操落实到位，所以学生亚健康状态较少。

（4）在伯恩斯抑郁症清单（BDC）测试中，对于轻、中、重三种抑郁程度，中度抑郁的人数居多，全校共有 512 人，并且女生明显多于男生（女生 341 人，男生 171 人）。抑郁跟性格、成长经历等有很大的关系，但大部分学生能够通过后天的学习来缓解抑郁情绪，但抑郁反复的情况屡见不鲜。

（5）在强迫症测试中，我校 90% 的学生都有一条或一条以上的症状持续存在。有些是反复出现的强迫行为，比如一定要把书放整齐，才能进入上课的状态；有些是反复出现的强迫思维，比如出门时，总觉得自己没关门、关灯等。我校会通过一些心理讲座和平时的心理课来讲解强迫症相关知识，并传授缓解技巧，经过这些专业知识的学习，绝大部分同学能从认知上了解强迫症，避免一些无意义的强迫思维和行为。

（6）在社会适应能力诊断量表测试中，低于 17 分（社会适应能力弱）的：高一 296 人（男生 93 人，女生 203 人），占年级总人数的 50% 左右；高二 56 人（男生 22 人，女生 34 人），占年级总人数的 12% 左右；高三 78 人（男生 49 人，女生 29 人），占年级总人数的 13% 左右。社会适应能力对于普遍较羞怯的农村地区高中学生来说非常重要，从某种意义上说，表明一个人的成熟程度。因为就读高中为农村学校，以及刚从初中生转变为高中生等，所以高一学生在该测试中，显示普遍适应能力弱于高二、高三年级学生。

（7）在抗挫折能力度量表测试中，低于 8 分（抗挫折能力弱）的：高一 123 人，高二 101 人，高三 67 人。农村学生各方面的条件稍微弱一点，经历的挫折本身就比较多一点，所以整体来说，抗挫折能力就会强一点。

（8）在沟通能力度量表测试中，低于 8 分（协调沟通能力不太好）的：高一 236 人，高二 169 人，高三 145 人，三个年级共 550 人中，留守儿童有 79 人。在寄宿制学校中，人际关系的处理尤为重要。具有良好的沟通能力可以使学生很好地表达自己的思想和情感，获得别人的理解和支持，从而和身边的各类人保持良好的关系。从测试可以看出，农村学生普遍存在一定的沟通交际缺陷。

案例一：吴某，男，15 岁，高一学生，进入高中时，进行了精神症状自评。总分为 220，总均分为 2.44，阴性项目数为 38 个，阳性项目数为 52 个，阳性项目平均分：3.5。

躯体化：（原始分）26。

强迫状态：（原始分）22。

人际关系敏感：（原始分）31。

抑郁：（原始分）30。

焦虑：（原始分）24。

敌对：（原始分）21。

恐怖：（原始分）15。

偏执：（原始分）18。

精神病性：（原始分）22。

其他项目：（原始分）11。

通过量表分析，该生人际关系敏感、敌对和偏执三项中分数异常，超出一般值。针对这种情况，学校立刻给该生建档，并安排专业心理咨询师给该生做心理辅导，从而了解到该生从小是留守儿童，由爷爷奶奶抚养长大，父母长年外出务工，直到小孩初中时，才跟随父母生活，所以导致该生从小自卑敏感，人际交往中长期存在不良自我暗示，在校与同学、在家与父母关系紧张。此外，敌对和偏执也比较严重，导致思想、情绪容易走极端。了解这些基本情况后，学校心理咨询师和该生共同商讨了咨询方案，制订了咨询计划，经过两个月的定时咨询，该生在高一上学期期末时，有了明显好转，再次测试时，各项分数都有所降低，在师生、父母的情况反馈中，人际关系敏感、敌对和偏执都有所好转。

案例二：伯恩斯抑郁症清单（BDC）测试。被测试者：何某，男，17 岁，高二。总分：24 分。有中度抑郁症，躯体症状尤为明显，食欲不振，失眠，一个月内瘦了 10 斤，上课昏昏欲睡，整天浑浑噩噩，提不起精神，不愿意与人沟通，情绪低落，易伤心难受，负能量较多。

抑郁症是最常见的抑郁障碍，以显著而持久的心境低落为主要临床特征，是心境障碍的主要类型。要被诊断患有抑郁症，症状必须至少持续两周。抑郁症的发病（和自杀事件）已开始出现低龄（大学，乃至中小学生群体）现象。所以，近年来，学校心理咨询中心对此病尤为重视。学校一旦出现抑郁症学生就会由专职的心理咨询师采取人工干预，以心理治疗为主，身体锻炼为辅。碰到严重的学生一般会推荐到当地市级中心医院或省级医院进行全面诊断和治疗。很多农村学生因为对抑郁症不了解，有时可能只是情绪低落就会怀疑自己得了抑郁症，针对这种现象，学校多次举行抑郁症相关知识讲座，消除学生对该病的恐惧，提高对该病的认知，从而从根源上解决问题。

综合以上全校 1653 人参与八项测试的调查数据和两个个案分析，可以看出，农村学生对心理学知识的了解存在很大的盲区，甚至有很多误解。学校长期注重学生身心发展，提倡“育人”先“育心”。在农村学校中，刚入学的高一新生是心理问题最多的群体，但是经过三年高中文化知识、常规心理课程的学习，心理讲座的开展以及自身身心的成熟，部分心理问题逐步改善或消亡。学校教育对于农村学生而言，重于家庭教育，是帮助学生形成正确三观的核心教育力量。

第五章　农村地区高中生心理问题的自我调整

第一节　让压力、焦虑、孤独和自卑统统远离

农村地区高中生的心理问题通常由四个常见的因素引起，分别是压力、孤独、焦虑和自卑，那么农村地区高中生应该通过怎样的方式进行自我心理调整呢？本节将详细讲述相关内容。

一、关于“压力”的自我调整

许多农村地区高中生心理健康出现问题大多是因为抗压能力不足，要想让自己拥有健康的心理，就要提高抗压能力。心理学认为，个体可以有三种应对压力的中介机制：

一是心理调整机制，指个体的认知评价，主要是对压力的强度、性质、有无威胁等做出评价，从而得出压力对客观事件，对自身的能力评估，对局面的控制类型，对行为、认知和思维的自我控制以及对环境的控制等的结论。但是认知评价本身也受到压力源的可预期性、压力源的可控制性、个体的人格特征、个体的生活经历、当时的身心状态等因素的影响。积极的认知评价，可以使得大脑皮层唤醒水平提高，从而产生积极的情绪反应，注意力集中，思维积极乐观，能够根据现实调整需要和动机，对传入信息进行正确评价，发挥应对能力。而消极的认知评价，则会使得反应过度，唤醒焦虑、激动、

低落或抑郁等不健康情绪，导致认知能力下降，自我概念模糊，从而不能对压力做出正确判断及有效应对。

二是社会调整机制，指社会支持系统。具体来说，社会和他人可以给予当事人信息、物质支持，更重要的是可以给予关怀、影响、教育、激励和保证等精神支持。良好的社会支持系统，可以使压力事件的强度相对降低。

三是生物调整机制，指个体自身具有的生物调整系统。主要有三种，分别是：心理—神经中介机制，该机制通过交感神经—肾上腺髓质轴来调整；心理—神经—内分泌中介机制，该机制通过下丘脑—腺垂体—靶腺轴进行调整；心理—神经—免疫机制，该机制通过免疫系统与中枢神经系统进行双向调整。

针对当前农村地区高中生越来越严重的心理压力问题，笔者认为应该让学生学会“压力管理”。所谓压力管理，不是要彻底消除这种压力，而是缓解或分散压力。放松、退缩、重整，是国际上流行的“3R 原则”，是一种比较行之有效的减压方法。这种方法的理论核心就是尽量避免遭遇压力源，尽力放松自己的情绪，适时调整自己的目标或期望值。对已存在的正面压力、自发压力或过度的压力要力求寻找一个平衡点。

要达到这种减压效果，方法多种多样，原则只有一条：要么改变个体的处境，要么改变个体面对处境的反应，要么改变个体看待处境的方式。灵活掌握“3R”原则减压法，对于提高个体抗压能力功效显著。

积极应对压力，提高个体抗压能力，可以从以下几个方面做起：

1. 向家人或朋友倾诉舒缓压力

当学生感到压力过大的时候，选择一个合适的方式进行宣泄，可以有效缓解压力，让自己放松下来。学会倾诉，是一种极为有效的舒缓压力的方式。

面对压力，心有郁闷、烦躁时，不妨向家人或者朋友倾诉一番。把所有的不快、郁闷都宣泄出来，于己于人都是非常有好处的。倾诉是减压的良方。当一个人将琐碎的生活片段用语言串联起来的时候，就是在仔细地梳理自己的内心世界。种种因为压力而产生的狂野、消极的情绪都可以通过这种方式得到宣泄和释放，心情也会慢慢地恢复平静。

向他人倾诉自己的烦恼、困扰时，人们很容易将自身放在社会的大环境下，通过比较，重新获得自我状况的反馈和自我评定，来维持一种比较稳定的自我价值感。

倾诉可以让一个人重新审视自己的生活，通过这种办法来了解自己真实的情感、体验，并努力去发现更多的选择。重要的是，重新审视自己的生活：生活中“路”有很多，不能让工作或学习成为心理上的负担，一直压着自己。通过倾诉，最终学生会发现，生活并不像原来想的那样，还可以有更好的选择。

把客观因素强加给自己的压力向家人和朋友倾诉，也是获取社会支持的一个重要方式。通过这种类似于求助的倾诉，可以在他人或者社会的帮助下，寻求到更积极的解决办法。也许在这种情况下不能获得更好的解决办法，但是倾诉本身就是一个分担困扰、缓解压力的过程，这个过程就像是一次最佳的心理按摩。在倾诉过程中，各种情绪垃圾自然而然被倾泻出来，身心自然会轻松很多。

面对学习和生活中的压力，学生们采取的最普遍的应对手段是发泄和逃避，或者把问题紧紧压抑在心里，或者拼命地运动或学习直到精力耗尽，更有甚者，会寻求不正确的精神刺激，如酗酒、抽烟等。这样做或许会使心情得到暂时的平静，但换来的却是对健康的损害。长期来说，这种应对方法对舒缓压力没有一点好处，不可取。

作为高中学生，尤其是马上面临高考的高三学生，一定要学会向家人和朋友倾诉自己的烦恼和压抑，这样既有助于减压，也是联络感情的重要途径。

家是爱的港湾，虽然很小，但也能表达出爱的伟大；家是爱的港湾，虽然简陋，但能映射出爱的不平凡。人人向往家，不只因为它是一种人生岁月的存在，一种社会生活的形式，更多是因为它给人们提供了一个精神住所。

2. **用良好的人际关系化解压力**

心理学研究表明，良好的人际关系作为缓解压力的社会支持系统的一部分，对于提高个体抗压能力、缓解生活中不断积累的压力有重要作用。

幸福感研究表明，家庭和睦、朋友多的人，他们生活得更幸福些。人际交往作为人类社会中不可缺少的组成部分，会使得个体的许多心理需求，例如认同感、尊重感和成就感等得到满足。如果人际关系受到破坏，个体不可避免会产生孤立无援或被社会抛弃的感觉，幸福感也会有很大幅度的降低。面对压力就更加敏感和脆弱，感觉难以应对。

同时，良好的人际关系意味着健全的社会支持系统，能够获得更多的物质和精神上的帮助，使得个体能够更好地应对压力。

而人际关系不好，往往是多种因素造成的，也许是压力过大，导致自身在与人交往时过分患得患失，因恐惧心理导致对社会活动的退缩与逃避。而受到破坏的人际关系又会直接或间接地加重人们的心理负担，使得压力非但得不到缓解，反而形成一种恶性循环。

与人交往，想要形成一种良好的人际关系，就要遵循以下几个原则：

·相互性原则，学会互相尊重，互相接纳。

·交换性原则，学会根据自身价值观选择真正于己于人有价值的人际关系。

·自我价值保护原则，指对他人的评价做出一种认同或者疏离的反应。

·平等原则，指学会平等待人。

·相容原则，指学会包容。

·信用原则，指学会守诺。

谁都喜欢与能够让自己愉快的人交往，要想得到别人的喜爱与肯定，就要充分发挥自己的幽默，让周围的人欢笑不断，也让自己从中获得快乐的体验，这样大家就会在欢笑中接纳你，喜爱你，帮助你。

3. 以充足的睡眠缓解压力

高中学生普遍学业较重，很多时候会牺牲睡眠来换取学习或玩乐的时间，但事实上这是不可取的。现代医学认为，睡眠是一个主动行为，是恢复精力所必须进行的休息过程。

人脑中有专门的中枢管理睡眠与觉醒，个体在睡眠时只是换了一种工作方式，使能量被贮存起来，从而促进精神和体力的恢复。适当的睡眠是最好的休息方式，既是维护健康和体力的基础，也是减压的良方。

而充足的睡眠是减压的良方，有以下两点可以证明：

一是只有心理状态良好、精力旺盛的人才能进行良好的生理调整和心理调整，从而更好地应对迎面而来的种种压力。而睡眠便是其中一个重要保证。只有充足的睡眠才可以让体力得到恢复，让人的精神状态一直保持最佳，让人的心态更加积极乐观，从而有更多的精力对付压力。

二是睡眠不足可能导致个体心情烦躁、焦虑，从而产生心理压力。而此类人如果能够保证充足的睡眠，压力可能就会减轻一大半。

睡眠有诀窍，只有高品质、充足的睡眠才能保证个体身心得到充分的休息，从而减轻压力。用睡眠减压时，一定要保证睡眠时间充足，即使感觉自己“少睡一会也没事”，也要尽量做到每天睡 8 个小时。

心理学的一个重要观点是：觉不可少睡。许多专家都说过，成年人一般每天睡 7 ~ 8 个小时才能做到休息充足，而青少年需要的睡眠时间更多。美国心理学教授詹姆斯·马斯博士指出：一个人晚上睡眠 6 ~ 7 个小时是不够的。他对睡眠研究的结果表明，只有 8 个小时睡眠才能够使人体功能达到高峰。

此外，日常生活中还要注意睡眠的规律性，只有这样才能在高强度的压力下安然入睡，这种生活习惯本身对人的身心健康有很大的好处。

创造一种优质的睡眠环境和良好的睡眠状态。睡前可以喝一杯热牛奶，自我按摩一下，或者听听舒缓的音乐等。如果外界噪声很大，让人难以入眠，不妨人为制造一些“白色噪声”，比如让电视机一直小声地开着，盖过惹人烦厌的噪声。

对于睡眠品质素来不好的人来说，创造良好的睡眠环境尤其重要。只有这样，一旦能入睡，才可能取得理想的减压效果。如果上床之后用尽办法都不能入睡，干脆起床到地上走一走，消耗一下体力，同时也分散一下注意力；或者睡觉前少量吃些小点心，这样可以避免夜里因为饥饿而惊醒；还有就是注意饮食，香蕉、热牛奶等食物都可以有效促进睡眠，而脂肪含量高、辛辣的食物在消化过程中都会让人无法入睡。

如果上床后脑子里仍旧在想事情，不妨在床头放一个录音机或者记事本等，可以随时记录下来，不用总是担心第二天醒来会忘记，导致无法入睡。

舍弃那些没有意义的忙碌，把那些浪费在琐事上的时间利用起来，给自己放个假，睡一个好觉，因为保持充足的睡眠也是一种投资，它可以使你获得更大的收益和更多的生命资本。

4. 分散注意力就会减轻压力

笔者发现很多学生在心理压力产生后，喜欢一个人发呆，但这样做只能使压力越来越大。因为人的注意力很容易就集中在压力事件本身以及相关事件上面，越想负面情绪越多，压力造成的心理伤害越大，越是不能解脱，而如果这个时候许多压力事件同时降临，个体就会陷进压力的怪圈难以排解。因此，学生在面对压力事件时，一定要学会分散注意力。

心理学研究表明，面对压力，有意识地转移话题或做点别的事情来分散注意力，譬如参加一些集体活动，参加一些娱乐活动，甚至听听音乐等，都可以从不同程度上淡化压力。而压抑的时候，到外边走一走，心情不愉快时，做做体育运动，都能够消愁解闷。而忧虑时，去看看喜剧电影，大笑一场，压力自然会缓解。还可以找适当的方法打散由压力引起的负面情绪，譬如运动、静心、打球、散步、听流行音乐、找同学或朋友倾诉等，有助于转移不愉快情绪，从而把正面能量全都发挥出来。

在重重的压力下，学会把注意力转移到大自然的美好风光上，也是一种非常好的减压方式。大自然不但能够让人本能地感到亲切、得到放松，更会让人产生一些人生感悟，对于缓解压力作用非常明显。一旦全身心融入自然、陶醉其中、怡然忘我，就能够忘却烦恼，达到一种身心的愉悦状态。这就是心理学上著名的“自然疗法”。

分散注意力，能够有效减轻压力。但是，这种方法需要注意以下几点：

·分散注意力的活动，形式不拘，可以有各种选择，如找朋友聚会、闲侃，或参加其他活动等。但是要注意，这些活动必须是自己感兴趣的事情，否则只会给自己徒增新的压力，也起不到分散注意力以求减压的效果。如果是不感兴趣的事情，就不能做到全身心的投入，在参加时就还会对压力耿耿于怀。

·想要通过和朋友闲侃的方式来分散注意力，一定注意要找谈得来的朋友闲聊，否则，一旦话不投机，旧的压力还没有解除，反倒又增添了新的烦恼。聊天的内容也要慎重，最好能够回避和自己当前的压力相关的内容，如果当前压力很大，就不要谈目前面临的事情了。

·和朋友闲聊的场所也要有所讲究。最好是在一些比较幽静的环境中，这样的环境非常利于分散注意力和放松心情。不宜去比较喧闹的地方，在那种环境下人很容易产生烦躁心理，难以达到减压的目的。性格比较开朗的人，则不妨选择参加集体活动来分散注意力。

心静是生活中自己平心静气的显现，是自己笑看风云的舒畅，是自己洗心革面的超然。静心如水，不只是乘风破浪、勇往直前地驾驭风帆，还是犹如纹丝不动的潭水静谧安详却慢条斯理地泛起涟漪。

5. 全身心投入到一件事中也会减轻压力

心理学家研究发现，个体清醒时，有将近一半时间处于走神状态，或者在做“白日梦”，或者在计划未来、反思过去，而锻炼、聊天时最不容易分神。通过关于幸福度的调查发现：全神贯注地做一件事能让人觉得心情愉快，这种快乐超过走神的乐趣。美国波士顿咨询集团总裁 Hans Paul Buerkner 曾说：“在一定情况下，对我而言，专注于工作反而是应对压力的最好方式。”因此学生应学着集中注意力，投入到一件事情当中去，这样做对于心理减压也非常有好处。这是因为，个体的大脑会一直处在活动状态，这种状态使人总会关注一些事情。而面对压力时，全心投入一些有意义的事情中，使这些事情成为大脑的关注点，可以让烦恼在大脑里无容身之处。更何况，当个体全身心地投入一件事中时，会最大限度地体会其中的乐趣，从而达到一种“忘我”的境界，这种“忘我”的境界减压效果尤佳。世间本无事，庸人自扰之。无所事事的人总会自生烦恼，就是这个道理。

高中学生想通过投入一件事中来减轻压力，需要注意以下几点：

·面对压力，想要投入到一件事中去，必须要找自认为有意义或者让自己感兴趣的事情。譬如全神贯注地读一本好书，集中精力写一篇文章等。这样做能让人更容易投入进去。

·在做事之前，最好先清理一下生活环境，如把书桌收拾干净，把书本摆放整齐等。只有干净、整洁、有序的环境，才能让人更容易投入进去。

·如果心绪烦乱，很难投入到所做的事中，可以采取循序渐进的方式以求达到投入的境界。比如，想通过看小说的方式来忘记压力，但怎么也看不进去，这时就可以先全身心地投入看一页文字。如果还是做不到，可以适当地降低目标，先看半页。一旦成功了，就可以给自己一点奖励。下一次的目标可以再高一点，即集中精力看两页，然后是五页……依此类推。

不要小看生活中一些琐碎而实在的事情，如整理书本文具、擦擦桌子等，在烦恼、压力缠身的时候其实人更容易投入到这些琐碎的工作中。

还有人喜欢在遇到压力时全身心地投入到工作或学习中，这完全因人而异。如果能够真正地投入其中，那么我们的压力来源就已经消除一大半了。这种投入需要我们把工作或学习变成一种娱乐活动，通过自由的、充满兴趣的、富有创新性的工作或学习，在人生严肃的基调上填充诙谐、幽默和轻松的内容，生活中的压力自然会烟消云散。

全身心投入到一件事，可以使我们静下心来，心无旁骛，一心一意，把事做好。倘若好高骛远，见异思迁，心浮气躁，什么都想抓，最终就如黑熊掰玉米，掰一个丢一个，最终两手空空，一无所获。

6. 通过自我暗示、反复叨念化解压力

由于学习任务繁重，高中生往往要承受很大的压力，如果不及时调整，焦虑不安、紧张、疲劳、学习效率下降等情况很快就会找上门来。

学生可以通过自言自语、自我暗示等方式来化解压力，有效地发泄不满、愤怒及悲伤等不良情绪，这样做有助于消除紧张，化解压力，恢复心理平衡。而当一个人压力重重、不得解脱时，若是有机会听听自己与自己的对话，进行一些自我暗示，心情就会轻松很多，钻牛角尖的可能性也会大大减少。

心理学家认为，自言自语、自我暗示还有如下作用：

·自己的声音、语调会对个体产生镇静作用，给人一种安全感和人际交往的感受。

·与自己大声对话可以有效整理紊乱的思绪，调整自己的情绪，在紧张、劳累、高压下，这种方法尤其有效。

·自言自语能给人一种与朋友在交谈的感觉，在此过程中压在心中的石头可能会不翼而飞，达到一种减压效果。

·自言自语也是一种适度的宣泄，疏导了内心的压力和矛盾，使人心情舒畅。

·自我暗示可以有效地控制住自己的情绪。当压抑已久的情绪即将爆发时，通过自我暗示，反复叨念“别生气，气大伤身”“别发火，发火无济于事”等话语，提醒自己应当保持理性。

·反复叨念、自我暗示还可以进行有效的自我激励，例如用某些哲理或名言安慰自己，鼓励自己，面对压力自娱自乐，会使人心情变好。

自言自语、自我暗示是一种有效的语言调整。悲伤时，朗诵滑稽幽默的语句；愤怒时，多说几句“制怒”“忍”“冷静”的话语，都能调整自己的情绪。自我暗示、自言自语还可以给受挫的心灵以必要的安慰，就如狐狸吃不到葡萄说葡萄酸一样，这不是单纯的自欺欺人，但作为一种缓解压力的方法，偶尔一试还是很有好处的。

心安理得是人有了收获之后的沉稳与欣慰，而随遇而安是知足常乐的最大内涵。面对生活，面对一切风云变幻，抱着习以为常的生活态度，终将会赢得威信与可靠、博取崇尚与高雅。

二、关于“焦虑”的自我调整

在农村地区高中生群体中，焦虑情绪是非常普遍的。前面的章节已经详细分析了农村地区高中学生焦虑的原因，及其对农村地区高中学生心理健康产生的危害，那么农村地区高中学生该采取怎样的策略来改善自身的焦虑情绪呢？笔者总结了以下几种方式：

1. **学会自我放松**

老子曾经说过，万物芸芸，各归其根。归根曰静，静曰复命。意思是说生命的真谛就是一种平静、宁和、放松的生存状态。因此，当农村地区高中生陷入焦虑时，要学会自我放松。

说到放松，许多人嗤之以鼻，认为有些小题大做了。其实，放松说起来容易，做起来却难。它是心理学中面对压力和焦虑的一种基本却又非常重要的疗法。焦虑产生的重要原因就是应激，即心理紧张，而对抗这种紧张的重要方法就是放松。放松是一种积极的休息过程。通过放松，我们可以愈合心理的创伤，调整身心的紊乱状态。在放松中，通过思维、意念的主动松弛，使人的心理系统得到放松。

实验表明，思维过程伴随着肌肉紧张，而肌肉的放松也会导致思维的松懈。放松是通过肌肉、呼吸等生理过程来调整和控制思维、意念等心理过程的重要技能。事实上，放松不仅仅是面对压力、焦虑的一种辅助疗法，更是自我调整、促进身心健康的必要技能。会不会放松，是个体心理素质优劣的重要体现。

笔者总结了一些既简单又方便的放松训练小技巧，可以帮助大家在繁忙紧张焦虑的学习状态中放松下来：胡思乱想时，找一本有趣的书，或到操场上进行体育运动，让心情放松下来，忘却痛苦的事情；每天睡觉前洗个热水澡，听一些舒缓优美的音乐，让自己渐渐进入到轻松愉悦的状态；还可以通过想象身处自己所喜爱的地方，如大海、高山或自家的小院等，把思绪集中在所想象东西的“看、闻、听”上，起到精神放松的效果；或者想象自己身处一个充满了各种烦恼和压力的密室中，试着让自己轻松地走出去，把所有烦恼留在身后密室里，然后把密室紧紧锁起来。

此外，学会在一切场合，如家中、教室、图书馆里打盹，只需 10 分钟，就能使自己放松下来，然后精神振奋地应对接下来的事情；或者按摩放松，紧闭双目，用自己的手指尖用力按摩前额和后脖颈处，有规则地向一定方向旋转，以达到放松的目的；学会调节呼吸，快速进行浅呼吸，慢慢吸气、屏气，然后呼气，每一阶段持续8拍，可以达到很好的放松效果；还可以平躺，面部朝上，使身体自然放松，然后紧闭双眼，吸气、慢慢呼气，使腹部慢慢恢复原状，之后，正常呼吸数分钟，再重复这一过程。

学会尽量摆脱常规，生活中，不论做什么事，都可以试用一些新方法，做一些不常做的事，比如倒着走路；在沐浴时唱歌，放开歌喉，尽量拉长音调。这个过程需要不停地深呼吸，因此可以达到很好的放松效果。要培养多种兴趣，并尽情地投入其中，享受这些兴趣。经常进行一些伸展运动，这对消除紧张也非常有益。

2. 采用解除焦虑“四步法”

面对焦虑情绪，笔者总结出了一个行之有效的自我调整方法——解除焦虑“四步法”：

·评估。首先问自己：担忧什么？恐惧有什么实质的内容吗？对于自己的焦虑内容以及程度做出一个大概的评估。

·理解。针对所焦虑的事情做出认真分析，理解产生焦虑的原因以及可能引起的结果，做到心中有数。有针对性地专注于找出解决方法，从而使焦虑情绪不至于放大或者恶化，并且逐步缓解焦虑状况。

·再估。运用常识，同时求助亲友、请教老师等，以求做到更加科学合理地再次评估自己在做出应对之后是否还有焦虑症状。如果焦虑症状已经消除，就可以进行下一步——巩固。如果仍旧存在，则需要寻求心理医生的帮助。

·巩固。通过日常生活行为以及各种缓解焦虑的小诀窍巩固先前的成果，争取做到不再因为同样的因素复发焦虑症状。

3. 进行自我激励

笔者曾经和很多学生说过，保持自信是维护心理健康的良药。自信是治愈神经性焦虑的前提，没有自信，人容易对自己的能力持怀疑态度，认为无法完成和应付可能存在的威胁，夸大自己失败的可能性，从而产生忧虑、紧张和恐惧等焦虑情绪。应对焦虑心理，必须首先做到自信，减少自卑。对于焦虑症患者来说，恢复自信，才能最终驱逐焦虑。

自我激励，是一种恢复自信、驱逐自卑的好方法。所谓自我激励，是指个体不需要外界奖励和惩罚等激励手段，自身就能为设定的目标努力的一种心理特征。德国专家斯普林格在《激励的神话》一书中这样写道："强烈的自我激励是成功的先决条件。"从心理学上来说，个体的一切行为都受激励产生，只有通过不断的自我激励，才能使个体出现一股内在的动力，产生自信、自强等个性特征，塑造一个强大的"自我"，从而打败焦虑。

那么农村地区高中学生应该如何进行自我激励呢？

一是把握好情绪，从自身和周围的事情上发现快乐。开心的时候，人体会发生奇妙的变化，产生新的动力和力量。学生要学会找出自身的情绪高涨期来激励自己。快乐并不专属于成功之后，只有在平凡的生活中，在一点一滴的细节里，都保持一种轻松愉悦的心情，这才是快乐的真谛。

二是可以适度地给自己施加一些压力，不断锻炼"自我"的应对能力，以求塑造一个强大的自我。例如，可以迫使自己离开舒适区，不要放任自己总是躺倒在安乐窝里；可以适当地调高目标，以求加强紧迫感。一个既宏伟又远大的清晰的目标，才能达到激励效果，让人不断奋发向上。卡耐斯曾经写道："沉溺生活的人没有死的恐惧"。我们随时都要有一种直面死亡的紧迫感，这是塑造强大"自我"的第一步。

三是撇开无益的朋友，或者说多结交一些能够让自己快乐和获得成功的朋友。朋友会改变自己的生活，为了不和所谓的朋友一起沉沦，一定要慎交朋友，要选择积极乐观、有正能量的朋友，这样才能够一起进步。

四是要有直面人生的勇气。生活中，不论是无法解决的困难和挑战，还是某些让自己恐惧的事物或者危机，都要学会去迎接，而不是逃避。战胜恐惧，哪怕克服的只是小小的恐惧，也会增强对自己的信心。而敢于犯错，敢于竞争，学会积极面对他人的拒绝，直面人生中的困难，甚至是在挑战面前选择一件更加困难的事情，都可以培养自己具备更大的创造力和应对能力，以一种更加积极向上的心态面对生活，从而让焦虑、压力等不健康的心理状态无立足之地。

五是学会不时地调整计划，让自己放松。心理学研究表明，人的情绪状态总是呈现出一条波浪线，有波峰也有低谷。学生要学会安排自己的休整点，在时间表中标出放松、调整、恢复元气的时间。即使现在感觉不错，或者正处于春风得意的兴奋期，也要学会给自己安排休整点，安排出一大段时间让自己放松。只有这样，才能让情绪一直保持在轻松愉悦的健康状态。

六是学会从现在做起，从细微之处做起，精工细笔，循序渐进，生命才能更有意义。创造自我，就像是创作一幅巨幅画像一样，从细微之处做起，每一次细小的成功都能让我们找回自信，干劲十足。另外，要锻炼自己即刻行动的能力。不要沉浸在过去，也不要沉溺于未来，要着眼于现在。制订计划之后，一定要脚踏实地，把整个生命凝聚在此时此刻。只有重视今天，自我激励的力量才能汩汩不绝。

七是学会内省，塑造独一无二的自我。不要通过别人的看法来看自己，人生的棋局应该由自己来摆，学会经常自省，塑造一个独一无二的自我。

4. 通过认知调控化解焦虑

认知疗法于20世纪60至70年代在美国产生，是根据个体认知过程来影响其情绪和行为的理论假设，通过认知和行为技术来改变求助者的不良认知，从而矫正并适应不良行为的心理疗法。认知行为疗法是一种通过改变思想和行为来改变不良认知，从而消除不良情绪和行为的短程心理疗法，其中最具代表性的是阿尔波特·埃利斯的合理情绪行为疗法、阿伦·贝克和雷米的认知疗法以及梅肯鲍姆的认知行为疗法。

认知疗法对于焦虑障碍、社交恐怖、偏头痛、考试前紧张焦虑、情绪易激怒等症状都适用。认知疗法的基本观点是，认知过程及其导致的错误观念是行为和情感的中介，适应不良行为和情感与适应不良认知有关。认知疗法通常采用认知重建、心理应付、问题解决等技术进行心理辅导和治疗，其中认知重建最为关键。

认知疗法通常有四个治疗过程：一是建立求助的动机。这是一个认识适应不良的认知、情感、行为类型的过程。对自身存在的问题获得一种认知解释，并且估计矫正所能达到的预期结果。这一过程一般在治疗医师辅助下进行。二是适应不良性认知的矫正。这是一个发展新的认知和行为来替代适应不良的认知和行为的过程。三是在处理日常生活问题的过程中，培养观念的竞争，用新的认知模式对抗并逐步取代原有的认知模式。四是改变有关自我的认知，即重新评价自我效能以及自我在处理认知情境中的作用。

从这四个步骤来看，面对生活中的焦虑情绪，在没有上升到心理疾病的程度时，我们可以从自身出发，通过认知调控来化解这种焦虑情绪。

5. 通过日常生活行为改变来化解焦虑

在日常生活中，要尽量掌握正确处理各种应急事件的方法，从而增强自我心理防御能力。注意培养广泛的兴趣和爱好，保持一种豁达开朗的情绪状态。这里搜集了一些小窍门，对于日常生活化解焦虑情绪尤其有效：

·睡眠充足。多休息及睡眠充足是减轻焦虑的一剂良方。

·保持乐观的心态。缺乏信心时，不妨想象过去的辉煌成就，或者遥想自己成功的景象，就能很快地化解焦虑与不安，恢复自信。

·学会做深呼吸。情绪紧张时，不妨多做几次深呼吸，有助于舒解压力、消除焦虑与紧张。尤其是考试前，多做几次深呼吸可以有效缓解考前紧张情绪。

·转移注意力。心烦紧张时，可以暂时转移注意力，如把视线转向窗外，或者起身走动一下，都可以有效化解紧张焦虑的情绪。

·找一位乐观的朋友或同学聊天，来排解自己的不良情绪。

·闭上眼睛，尽力想象身体后面的景物，以平衡前后脑的压力。

·喝一杯酸梅汤或果汁醋，疏通肝气。

·多赞美或者鼓励自己，读一些格言警句，并认真思考，都有镇定和缓解焦虑的作用。

·保持健康规律的生活习惯。

·多看喜剧片，或者自己动手做东西，如手工模型或其他任何自己喜欢做的事，会使人心情愉悦，紧张焦虑的情绪自然不翼而飞。

·经常到书店走走，读一些励志的书籍、漫画及幽默文选。

除了上面介绍的几种方法，还可以通过有益的食物缓解焦虑：

·低脂牛奶：牛奶素来就有镇静、缓和情绪的作用，尤其对经期女性特别有效。

·鱼和坚果：研究表明，鱼类食品和坚果中所含的必需脂肪酸有助于缓解焦虑和沮丧情绪，能让人迅速快乐起来。例如鲑鱼中含有大量的这类“快乐因子”。

·香蕉：香蕉中含有一种被称为生物碱的物质，可以振奋精神和提高信心。香蕉是色氨酸和维生素 B6 的来源，这些都可以帮助大脑制造血清素，从而稳定情绪。

·菠菜：研究证明，缺乏叶酸会导致脑中血清素减少，从而引发失眠、健忘、焦虑等症状。而几乎所有的绿色蔬菜和水果都含有叶酸，但是菠菜中的含量最多。

也有一些饮食会增强人的焦虑情绪，在日常生活中要尤其注意，如可乐、糖、洋芋片、白麦粉制品、油炸食物等。药物可能提供暂时的解脱，但隔天紧张又来袭。是药三分毒，应该慎用。

总之，生活中产生焦虑情绪在所难免，这个时候不要惊慌，更不要手足无措，可通过日常生活行为和食物来化解焦虑情绪，从而预防焦虑症的发生。

6. 通过调整自我心态化解焦虑

良好的心态是身心健康的基础。面对焦虑情绪，学生可以通过调整自我心态来化解焦虑：

（1）增加自信，去除自卑心理。自信是治愈神经性焦虑的前提。面对焦虑，首先要培养自己的自信心。建议学生准备几张小卡片，上面记录他人对自己的赞美，诸如“你聪明机智”“你善于交际”等。在焦虑或压抑时，拿出来读一下，这是对信心的及时强化。开始时也许只能写出几个优点，坚持一段时间之后，就会积少成多，不断提高自信心。

把别人的贺卡、评语及曾经得到的奖品放在触手可及的位置，自卑时随手翻出来看一看会对自信心的恢复有好处。进行自我暗示，反复默念“我行”

“我能行”。默念时要果断，每天早晨起床后、晚上临睡前都可以默念 9 次，遇到困难时可以适当加倍。这种积极暗示可以让人时刻保持一种自信的状态，习惯抬头挺胸。心理学研究表明，人的姿势和人的内心体验是相适应的，姿势可以和心理体验相互促进。自信的人总是昂首挺胸、意气风发；而自卑的人则习惯表现得无精打采、垂头丧气。因此，习惯于昂首挺胸，会让人逐步找回自信。

（2）学会以己及人，正确观照自身。调整心态的方法有很多，保持观照是其中最重要也是最关键的。许多人的困扰来自于没有觉知，看不清自己、摸不透别人，所以焦虑紧张，慌乱不安。正确地观照自己也是最难做到的，因为人总会有以自我为中心的惯性，认为自我比天大，难以做到谦虚忍耐、做到放下。正确观照自身，也是为了给心灵留出属于自己的空间，勇敢做自己，而不是活在别人的眼里。长时间失去自我，很容易让人感觉紧张压抑，透不过气来。

（3）降低生活欲望，克服完美枷锁。人有一种本能的追求美好事物的欲望。但是贪求太多，所得又相对太少，自然容易产生不满、厌烦和紧张的情绪。我们要适当降低生活欲望，放下虚名浮利，追求那些对自己来说真正有意义的事情。有些人对己太苛刻，做事力求最好，力求完美。然而现实往往是残酷的，绝对的完美是不存在的，这些人经常会陷入理想与现实的矛盾之中，压抑、紧张、焦虑让人无处可躲。所以，“差不多”原则对这些人来说是非常可取的。

（4）学会宽容、感恩。与人相处时，要有容人之量，做到求同存异。要学会发自内心地微笑，要习惯积极主动与人交往。不要抱怨麻烦总是落在自己头上，要用一种感恩的心来感谢老天的恩赐，它赐给了我们增强经验和智慧的能力，生活必将因此更加丰富、更加有意义。一个人在帮助他人的过程中，能够体会到满足感和成就感，可以从一定程度上实现自我价值。助人的心态也有助于人们对抗自私、斤斤计较等不良情绪。正视现实，坦然面对生活中的所有挑战和不如意。现代社会的高效运转必然会带来高竞争性和高挑战性，坦然地接受来自社会各方面的压力，只有这样，才能塑造一个更强大的自我，理直气壮地面对生活。

（5）学会享受生活，努力让自己快乐。缓解焦虑的一种有效的方法是追寻快乐。一段美妙的音乐、一顿丰盛的晚餐、一次倾心的交谈、一个成功的创新等，都可以使人感受到一种发自内心的愉悦和满足，让人充满幸福感。

总之，要想化解焦虑、享受生活、寻找快乐，可以从生活中的每一个细节做起，通过改变和调整自我心态，让焦虑彻底离我们而去。

7. 如何应对焦虑引起的失眠

焦虑情绪极易引起睡眠障碍，对于农村地区高中学生来说，受学习压力的影响，更容易遭受焦虑性失眠的侵袭。

对于焦虑性失眠，我国中医已有几千年的研究历史。从《黄帝内经》到《本草纲目》，均有相关药物及配方治疗的记载。虽然中药治疗焦虑性失眠起效较慢，但却可以从病理上进行根治。而学生可以通过改善睡眠环境、睡眠习惯来进行针对性治疗，以求获得良好的睡眠品质。

下面是笔者为大家介绍的一些应对焦虑性失眠的小诀窍，感兴趣的不妨试一试：

· 注意饮食。睡前喝一杯牛奶，牛奶有助于人的入睡。如果对牛奶过敏，可以吃个苹果或吃片面包。平日里可以多食用一些有助于提高睡眠质量的食物，如红枣、百合、小米粥、核桃、蜂蜜、葵花子等。

· 养成规律的生活作息习惯，周末不要睡得太晚。如果周六睡得晚周日起得晚，周日晚上就有可能失眠。

· 睡前不要暴饮暴食。睡前两个小时不要喝太多水，上厕所会影响睡眠质量。尤其要注意，晚餐少吃辛辣、富含油脂的食物，这些食物也会影响睡眠。

· 睡前要远离咖啡，建议睡前 8 小时不要喝咖啡。

· 保持有规律的身体锻炼，这样可以提高夜间睡眠的质量。运动时间一般来说以下午为最佳。

· 保持室温常温稍低，这样有助于睡眠。

·严格控制白天的睡眠时间，最好在一小时以内，且不能在下午三点后。床被要舒适温暖，让自己有一个良好的睡眠空间。

·睡前洗个热水澡，有利于放松肌肉，睡得更好。

失眠的时候要学会放松，否则只会更难以入睡。长期失眠可能引起神经衰弱、植物神经功能紊乱等疾病，对身心健康极其不利。所以，对待失眠一定不能疏忽，要及时调理，如果症状长期得不到缓解，就要寻求医生的帮助。

三、关于“孤独”的自我调整

笔者当班主任的时候，和一些学生相处得非常融洽，他们偶尔也会倾诉一些心事，其中谈及最多的就是“孤独感”，或许这是每个青春期孩子的“必经之路”吧！每当这个时候，作为老师，都会耐心地聆听和开导他们，告诉他们一些驱赶内心“孤独感”的方法。

1. 帮助别人让你不再孤独

身处人群之中，有时候会倍感孤独。漠然看着周围的人来来去去、忙忙碌碌，总感觉自己与之格格不入。因此，与他人相处时，无论什么样的情境，都要学会“忘我”，并设法为他人做点什么。积极帮助别人，在温暖别人的同时，也会温暖自己，让自己不再孤独。

每个人，最大的心理需求就是被人爱。孤独感非常普遍，它吞噬着我们的内心，伴随而来的有极度的空虚，以及对被爱和被理解的渴望。生活中，我们可能有成百上千个朋友却仍然感觉孤独。我们可能已经成为世上最漂亮、最受欢迎、最成功的人，但却仍然免不了孤独。无论做什么、去哪里、想成为什么样的人，孤独总会不期而至，吞噬着我们的快乐、希望和梦想。

孤独的人需要爱，温暖的、源源不断的爱。唯有爱才能击退孤独。而爱是相互的，只有付出，我们才能得到。

2. 劳逸结合，合理安排闲余时间

一般来说，孤独情绪的产生与大量余暇时间不知道要做什么是分不开的。学生要合理安排闲余时间，让生活变得丰富多彩，孤独和枯燥自然就会远离。

合理安排闲余时间，不妨从以下几点做起：

（1）提高学习技能。在高中这个特殊时期，学生的情绪往往会跟随成绩的高低而起伏，每当经历一次学习成绩上的“打击”，就会忽然感到自己变得一文不值，在学习上的优势越来越弱，对未来的担忧可能也会随之加重。心理的巨大落差伴随着的就是种种压力、焦虑等心理困扰。当前，老师和家长对教育的重视程度大幅度提高，社会对人才的要求也越来越高。与其在闲余时间备受孤独的困扰，不如给自己充充电，提高一下学习技能。人生在世，如逆水行舟，不进则退。不要等到最好的时机错过的时候临时抱佛脚，在巨大的心理压力和紧迫感中虐待自己。从现在做起，利用闲余时间，不断为自己充电。这样做也可以让你不再孤独。因为有事可做的你，自然会感到满足、充实，孤独没有时间降临。

（2）培养新的兴趣爱好。有时会觉得生活真的很累、很孤独，培养自己的一些兴趣爱好，既可以缓解低落的情绪，也能打发时间，让自己不再感觉孤独，何乐不为呢？

生活中也有许多充满乐趣的地方，只要我们能够以一种享受生活的心态去发现，就可能领略其美妙之处。如此一来，在孤独、烦闷时，给自己安排一些感兴趣的事情，读读书、听听音乐，或者从事自己的业余爱好等，都能让自己高兴起来。每个人都会有孤独的时候，在属于自己的时间里满足自己的兴趣爱好，乃是人生的一大乐趣。

（3）看书是排解孤独与枯燥的良方。张学良将军晚年被囚禁时，用三件事情来排遣寂寞，其中一件事情就是读书，他寄情于研究明史，在文字之间忘却孤独。可以看到，想要有效排解孤独和枯燥，看书是一剂良方。农村地区高中学生面对单调乏味、一成不变的学习或者生活环境，面对孤独无依的心理困扰，不妨拿起书本，静下心来读上两三页。

（4）玩游戏可以排解孤独与枯燥。不要总把玩游戏当成一种有害的娱乐方式。其实，对于学习紧张的高中学生来说，偶尔一次用游戏娱乐身心，排解孤独和枯燥，还是非常有效的。游戏通常都会充满趣味性、可操作性，在一个现实中并不存在的虚拟环境里，会让人感受到一种全新的体验，这对于丰富生活、愉悦心情非常有益。在游戏中，你还可以肆无忌惮地把生活和学习中的不顺心都宣泄出来，找人倾诉，或者打怪兽发泄。

所以说，适当地玩游戏可以让我们开心体验生活，有效排解孤独和枯燥。但是注意，一定不要沉迷于游戏，网络成瘾尤其是游戏成瘾同样是一种心理疾病，应当慎重对待。

3. 多找同学或朋友聊天

高中学生正处于青春期，看起来年轻有活力，实际上每天学习非常忙碌，也很辛苦。放学回家往往是一身疲惫，感觉内心十分空洞。打开通讯录，或者社交软件联系人列表，上面虽然有成百上千的联系人，当有了心事或者孤独，想要找个人说说话时，却找不到一个可以拨出去的号码、一个可以聊天的对象。休息日的私人时间，总是“宅”在家里，几乎不和身边的同学和朋友联系，这种生活状态并不可取。生活，需要多和外界交流。孤独时，和朋友聊聊天，也是一种莫大的享受。如果实在无法达成，也可翻翻旧日的通讯录，看看影集，还可以给某位久未联系的朋友写写信。注意，和朋友的交往和联系，也不应该只在自己感到孤独的时候。

四、关于“自卑”的自我调整

在农村地区高中生群体中，很多学生因为家庭会产生明显的自卑感。所谓自卑，就是低估自己的能力，觉得自己各方面不如人，主要表现为对自己的能力、品质评价过低，同时伴有一些特殊的情绪表现，如害羞、不安、内疚、忧郁、失望等，是一种消极的自我评价或自我意识，也可以说是一种性格上的缺陷。自卑是人生成功之大敌，阻碍人们前进。为了帮助农村地区高中生走出自卑，树立自信，笔者提供以下方法以供参考：

1. 用乐观的态度面对失败

人的一生，不可能永远都是一帆风顺，挫折和坎坷都是在所难免的，成功是由无数次失败构成的，正如美国通用电气公司创始人沃特所说：“通向成功的路就是把你失败的次数增加一倍。”失败固然会使人产生不愉快、沮丧、自卑，但是，要想成功，就要战胜自卑，这是取胜的关键。因此，面对挫折和失败，唯有乐观积极的心态，才是正确的选择。要时刻做到坚韧不拔，不因挫折而放弃追求；注意调整和降低原先脱离实际的“目标”，及时改变策略；用“局部成功”来激励自己；采用自我心理调适法来提高心理承受能力；善于挖掘、利用自身的“资源”。总之，只要敢于尝试，勇于拼搏，把每一次失败当作成功的前奏，就一定会挣脱困境的束缚，走出自卑的阴影，最终走向人生的辉煌。

2．用补偿的心理超越自卑

补偿心理是一种心理适应机制，个体在适应社会的过程中总有一些偏差，为求得到补偿，克服自己生理上的缺陷或心理上的自卑而发展自己其他方面的长处、优势，以赶上或超过他人。对于自卑者来说，心理补偿是一种使人转败为胜的心理适应机制，如果运用得当，将有助于其人生境界的升华，但不可好高骛远，追求不可能实现的补偿目标；也不要受赌气情绪的驱使。只有积极的心理补偿才能激励自己实现人生目标。

3．增加成功的经验

一个人的成功经验与其期望和自信心是成正比的。成功经验越多，期望越高，自信心越强。也就是说，一次又一次微小的成功就可以使自信心得到增强和升华。对于自卑的人来说，要想增加成功的经验，就应该由小由少做起，确保首次努力的成功，形成良性循环。如果遇到困境感到自卑时，则可改做一件比较容易成功，或者自己愿意并有兴趣的事情，成功之后，就会增强信心，进而避免自卑。

4．正确评估自己

客观、公正地审视自己，这是克服自卑的关键所在。有自卑心理的学生总是过分注意自己的短处，忽略自己的长处，这种做法是不明智的。“尺有所短，寸有所长”“金无足赤，人无完人”。每个人都有长处与短处，不能只看自己的短处而不看长处，而要以积极的态度扬长避短，以长补短。

5. **多向名人学习**

名人就像是一盏盏指路明灯，能为你照亮前进的方向，让你不再迷茫。因此，学生闲暇时间可以多读一些名人的传记，尤其多看一些曾被自卑感困扰的名人事迹，看一些比较喜欢的励志书籍，从中获得克服困难的经验，进而鼓励自己加强自信、鼓舞斗志、集中精力、发挥所长，朝着自己的目标努力奋斗，这样，自卑心理就会烟消云散。

6. **增强自信**

征服畏惧，战胜自卑，不能夸夸其谈，止于幻想，而必须付诸实践，见于行动。建立自信最快、最有效的方法，就是去做自己害怕的事，直到获得成功。当知道自己在某方面有缺陷、不如人的时候，会懂得“以勤补拙”“笨鸟先飞”的道理。而要做到这一点，自信心很重要。只有自己相信自己、乐观向上，对前途充满信心，并积极进取，才是消除自卑、促进成功的最有效的补偿方法。

做到以上这些，就可以让自己自信起来，走出自卑的困扰，开始一个崭新的人生。

第二节　调节失衡心态，保持阳光成长

一些由于不健康心理所引起的不良心态，如狭隘、多疑、虚荣和拖延等，会扭曲一个人的性格，还会成为阻碍成功的“绊脚石”，最终造成其失败的人生。讲述的调节失衡心态的方式方法非常实用，可以有效地帮助农村地区高中学生进行自我调整。

一、心胸狭隘怎么办

伟大的法国浪漫主义作家雨果曾说：“世界上最宽阔的是海洋，比海洋更宽阔的是天空，比天空更宽阔的是人的胸怀。”的确如此，人的胸怀应该是世

界上最宽广的地方。然而，有不少学生的心胸不够宽广，不但影响自己的人际交往，也给家庭、学校带来了负面影响。

狭隘作为一种情感体验，是人生中典型而特殊的坏情绪，它的产生带有浓厚的个性化色彩，受个人生理素质、心理素质、个人文化教育程度以及思想意识水平等方面的控制和影响，主要表现在：

1. **思想狭隘，认识偏激**

狭隘的人，其心胸、气度和见识等都局限在一个很小的范围内，不宽广、不宏大，看问题比较绝对化和极端化。他们往往会对芝麻绿豆大的小事耿耿于怀、锱铢必较。表面上，这种狭隘不会对他人产生任何影响，但是偏激认识一旦产生，狭隘的人就会固执己见，容不下有悖于自己观点的人和事。稍不如意就生气，导致情绪上的冲动和行为上的莽撞。有的把攻击对象指向自己，出现自卑、自伤的行为；有的把攻击对象指向别人，出现暴躁、敌对情绪，导致伤人等过激行为。

2. **行为狭隘，交往面窄**

狭隘的人把目光投向自己，他们唯我独尊，时时处处都从自己的利益出发，在交往中更是极力排斥“异己”，其结果总是落得门庭冷落。心胸狭隘之人容不下比自己强的人，嫉妒超过自己的人，他们只愿和不如自己的人交往，其结果将导致自负心理的增强和交际圈的大大缩小，最终变得孤独、寂寞和空虚。长此以往，就会产生自负、嫉妒、孤僻、猜疑等不良心态，使原本狭隘的心胸更狭隘，偏激的认识更偏激，甚至引发心理疾病。

只有及时走出狭隘的沙漠，才会见到生命的绿洲。要想从狭隘中走出来，可遵循以下几个办法：

（1）开阔视野。对于狭隘的人来说，他们不仅把自己圈在一个狭窄的空间里生活，而且知识面也非常狭窄。人的度量与知识修养有着密切的关系，一个人知识丰富了，立足点就会有所提升，视野也会变得开阔，变得豁达。农村地区高中学生要想开阔自己的视野，就要多读书，尤其是多读一些心理健康相关的书，对于开阔自己的胸怀有很大的作用。此外，还可以参加一些社会公益活动，让自己感受一下外面的世界，增长见闻。

（2）多与人接触，善于宽容他人。有狭隘心理的人，其心胸、气量、见识等都局限在一个狭小的范围内，不宽广、不宏大。多与人接触，就会对不同的人有不同的认识，从而积累更多为人处世的经验，明白许多对与错的道理。宽容待人是一种美德。对任何事都斤斤计较的人，一定是一个狭隘的人。他做起事情来，就会受情绪、认识的影响，产生一些盲目的行为。如果学会宽容，就会避免产生不良后果。

（3）加强人际交往，摆正自我位置。与人相处应热情、直率，善于团结互助，融“小我”于“大我”之中。增多交往，可加深彼此的了解与沟通，开阔心胸。

（4）丰富业余文化生活。结束一天的学习之后，可以在空闲时间参加一些社交活动，组织同学聚会，进行体育锻炼，拓宽自己的兴趣范围，这样，在丰富多彩的活动中，在彼此广泛的交往中，就会感受到生活的美好，进而增强审美情趣，陶冶净化心灵，增强精神寄托，丰富内心世界，塑造良好的个性品质，让自己变得乐观豁达起来。

总之，人生没有回程票，走出狭隘，让自己豁达开朗，才能拥有更加幸福的生活，才能活得快乐和洒脱。

二、疑心病重怎么办

所谓疑心病，就是“无病疑病”，是一种不健康的心理。现代心理学研究表明，过分多疑是一种心理疾病，属于偏执型的性格缺陷。患有疑心病的农村地区高中学生，其思想就好像被捆上了一条无形的绳索，使他们远离同学、朋友，甚至亲人。如果疑心病过重，会经常无中生有，因一些根本没有或不会发生的事而忧愁烦恼、郁郁寡欢。因为处处猜忌别人，不能更好地与他人交流，无法结交到朋友，时间长了，就会变得孤独寂寞，从而严重影响身心健康。农村地区高中学生可以从以下几方面做起，来消除疑心病：

1. 优化个人心理素质

保持正确的心态，让自己的胸怀变得豁达宽广，以此来增大对别人的信任度，并排除不良心理，正确处理人际关系。

2．理性思考，不无端猜疑

当发现自己起了疑心时，要理性地进行思考，问自己为什么要这样想，这样做正确吗，如果怀疑错了怎么办……像这样，在做出决定前，多问自己几个为什么，对冷静思索问题是非常有利的。

3．摆脱思维方式的束缚

疑心的人一般总是从一个假想目标开始，最后又回到假想目标。因此，只有摆脱错误思维的束缚，走出先入为主的死胡同，才能使疑心在得不到自我证实和不能自圆其说的情况下自行消失。

4．增强自我调整能力

每天都会遇到不同的人和不同的事，这就难免遭到别人的议论。我们大可不必总是猜疑别人对自己的看法，就像但丁说的："走自己的路，让别人说去吧。"我们要善于调整心情，不受外界的干扰，不要在意他人的议论，想怎样做就怎样做，这样不仅解脱了自己，也会减轻自己的疑心。

5．加强交流，解除疑惑

人与人之间之所以会产生猜疑，来源于相互误解。我们可以通过谈心，了解各自的想法，消除误会，还能避免因误解而产生的冲突。这样做，朋友之间也许又能和好如初，或者由普通朋友变成好朋友。

从心理学的角度讲，疑心和暗示有关。因此，治疗"疑心病"要学会运用积极的自我暗示，使自己在心理上摆脱疑心的束缚。所谓暗示，就是在不加分析、不加批判、毫无反抗的情况下，用含蓄的、间接的方法对人的心理和行为施加影响。暗示可以来自他人，也可以来自自己。从暗示的效果上来看，可以分为积极暗示和消极暗示。积极暗示可以使人增添信心、精神振奋；消极暗示可以使人忧心多虑、疑神疑鬼，增强疑心病的程度。因此，在日常生活中，我们要加强积极的自我暗示，这样就少产生或者不会产生疑心病了。

总之，要想消除疑心病，就必须做到实事求是、理性思考，学习用实事求是的唯物主义观点看人、看物、看自己，切忌胡思乱想、主观臆断。

三、怎样减少虚荣心

在高中学生群体中，虚荣心很常见，这是因为青春期的学生生理和心理逐渐成熟，开始形成了攀比心理。心理学认为，虚荣心是自尊心的过分表现，是人为了取得荣誉和引起普遍注意而表现出来的一种不正常的社会情感。人的虚荣心就像一只被吹起来的气球，总是希望越吹越大。在虚荣心超过一定限度的时候，危害就会显而易见。事实证明，虚荣心是许多悲剧和问题产生的根源。

人容易掉进自制的陷阱中，而这个陷阱往往是由虚荣建造的。虚荣心强的人，就像一只无头苍蝇，心灵是非常痛苦的。他们至少会受到两个方面的折磨，一方面在他们没有达到目的之前，会被自己不如人意的现状所折磨；另一方面，在达到目的之后，他们又担心真相暴露而备受折磨。因此，人应该追求真实的美，不求虚名，不去打肿脸充胖子，这样的生活才美好。

既然虚荣心带来的烦恼和麻烦不容小觑，那么怎样才能减少虚荣心，摆脱青春期虚荣的影响呢？

1. 认识虚荣心带来的危害

虚荣心强的人，其思想上会有自私、虚伪、欺诈的成分，这与谦虚谨慎、光明磊落、不图虚名等美德是格格不入的。虚荣的人为了获得表扬，会去做好事，进而沾沾自喜。有时候，为了得到一点点荣誉，甚至不惜弄虚作假，尽力遮掩自己的不足。虚荣的人不敢袒露自己的心扉，从而给自己带来沉重的心理负担。要知道，长期的虚荣会导致产生非健康的情感因素，不利于人的健康发展。因此，我们必须正视虚荣的危害。

2. 了解虚荣心的表现，及时控制和纠正

要想克服虚荣心理，就要了解其表现，然后针对其表现逐一击破。农村地区高中生虚荣心理的表现是多方面的，例如：处处炫耀自己的特长和成就，喜欢赞美之词，对批评恨之入骨；常在同学面前夸耀自己有点权势的亲友和显赫的家世；即使自己没有那么富有，也会在其他同学面前表现得十分阔气；

对校领导和老师竭力拍马奉承；不懂装懂，喜欢班门弄斧；处处争强好胜，自命不凡；总是把失误归咎于其他同学，不找自身的原因，等等。了解了这些表现之后，就要及时发现、控制与纠正，使自己远离虚荣。

3. **认清虚荣心与自尊心**

正确认识虚荣心和自尊心，对于我们消除虚荣心理是很有益处的。从心理学的角度看，虚荣心实际上是一种扭曲的自尊心。通常情况下，自尊心强的人对自己的声誉、威望等比较关心。他们做了好事得到别人的称赞之后，心里高兴是荣誉感的表现；他们珍惜荣誉，顾全面子，这是维持自尊心的正常要求。而若是为了表扬和赞美去做好事，甚至不惜弄虚作假，这就是虚荣心的表现。自尊是在谦虚、进取、真实的努力中获得的，自尊的人不会掩盖缺点，而是取长补短；他们也不会通过有权势的亲友或压低别人来抬高自己，更不会不懂装懂，夸夸其谈，而是通过批评与自我批评，以此来改进自己、提升自己。

4. **克服个人主义的私心**

虚荣的人只注意自己的荣誉和地位，无论什么事情都是考虑自己的利益得失，常常会忽略别人的感受和评价，有很强的自我表现欲，他们不会放过任何一个自我表现的机会，争强好胜，这些都是个人主义自私心理的表现。因此，要想消除虚荣心，使自己成为一个实事求是的人，就要克服自私心理，消除自我表现欲。

5. **端正自己的人生观与价值观**

自我价值的实现不能脱离现实的需要，必须把对自身价值的认识建立在社会责任感上，正确理解权力、地位、荣誉的内涵和人格自尊的真实意义。

6. **培养脚踏实地的思想作风**

一般来说，虚荣心较强的人，往往情绪不稳定，没有脚踏实地的态度和精神。当虚荣心得到满足的时候，他们会有很高的热情；当虚荣心得不到满足的时候，他们的情绪就会一落千丈。因此，要想摆脱虚荣心，就要培养自己脚踏实地的思想作风，实事求是，一切从实际出发，这样才能塑造一个良好的心理品质，不断完善自我，提升自我。

四、拖延成性怎么办

回首自己的学习和生活，看其中还有多少梦想、计划和愿望处在落空的状态，如果有很多，那么从现在开始，就要学着改掉拖拉的毛病。要想让生活更加美好，就要拒绝拖拉，今日事今日毕。

生活中，总是有很多的理由和借口，告诉自己这个可以等一等，那个可以缓一缓，时间来得及，今天太累了，明天再做吧……诸如此类，数不胜数。这意味着一个人已经养成了拖拉的习惯。如果再继续这样拖拉下去，不但会浪费大好的年华，还会在蹉跎了的光阴中庸碌无为，甚至到最后一败涂地、一事无成。千万不要已经想好了计划而不去行动和实现，也不要继续再以任何理由和借口为自己没有完成任务而自我安慰。要想实现目的、完成任务、不留遗憾，就要学会克服拖拉，做一个行动力强的人。

学生要想改掉自己拖拉的毛病，可以参考以下几种方法：

1. 确定好处与优势，立即行动

很多时候，一个人会拖拖拉拉，是因为他看不到做一件事情或者完成一项任务会得到什么好处。为了解决这个问题，我们就要从自己的目标出发，站在自己的角度分析这件事情或者任务，找出其好处和优势所在，才会有助于自己拿出干劲，全力以赴实现目标。

2. 把任务委托给别人

有时候，由于种种原因，能完成的任务一拖再拖，最后耽误了最佳完成时间。这时不妨换一个角度，把这项任务委托给值得信赖或者更加适合完成这个任务的人，这样既不会耽误工作，又可以实现双赢，两全其美，何乐不为?

3. 养成好习惯

许多人已把拖拉当成一种习惯，对于这样的人来说，没有理由可以使他们放弃自己的消极状态去做另一件事情。如果你现在就有这样的毛病，那就应该立即改掉，培养自己的良好习惯，渐渐地改变自己的生活模式，做一个不再拖拉的人。

4．确定一项任务是否非做不可

当一项任务没有引起你足够重视时，就会拖拖拉拉。这种做法是不对的，如果这件事情真的不重要，那你就立刻回绝，免得因为拖延完不成而后悔和埋怨。从你的日程表中，把一些不必要的事情弄清楚，这样才能更有效地分配你的时间，做一些重要的事情。

拖拉是一种病，对于深受其苦的人来说，最好的办法就是做出果断的决定，立即行动。否则，当这种病开始扩散，甚至伤及五脏六腑的时候，就会成为摧毁生命的致命武器，到那时，一切都已来不及。

第三节　克服偏执心理，从容面对生活

对于高中生来说，有主见、有头脑、不从众，固然是件好事，但若固执己见，冥顽不灵，自以为是，这样就不会得到人们的认可了。这就是常说的偏执，它是一种性格缺陷。偏执的人通常比较狂妄、敏感、多疑、易激动，容易让人产生刚愎自用的印象。我们要想成功，就不要一条道走到黑，要学会变通，努力克服偏执的不良心理，使自己成为一个善于处事、通情达理的成功者。那么该如何做才能克服偏执呢？

1．正视自己性格中的弱点

如果发现自己有偏执倾向，要认真反省，看是否真的有过于自尊、轻易批评别人、否定别人的意见、对别人加以戒备和猜疑等表现，如果确实如此，应正视这些弱点，并加强自我修养。

2．谦虚谨慎，灵活通达

从个人角度来说，谦虚谨慎是治疗偏执的良药。一个人，只有虚怀若谷，才能成为自信而不自满、坚韧而不固执、受人欢迎的人，才可能成就大事。为人处世，灵活通达，善于自律，就容易对别人产生好感，使自己获得好人缘。

3. 建立相互尊重、相互信任的同学关系

通常情况下，偏执的人思想片面，很难信任别人。在生活中，我们应该学会从实际出发，客观看待事物，冷静思考问题，与老师和同学建立一种相互尊重、相互信任的关系，在彼此尊重和信任的前提下，逐渐克服思维的片面性，在待人接物方面表现得随和一些、友好一些。

4. 多交朋友

偏执的人应积极主动地进行交友活动，在交友中学会信任别人，消除不安感。但是交友也是有一定的原则和要领的，需注意以下两点：一是真诚相见，以诚交心。我们交朋友，就要带着一种诚心诚意、肝胆相照的态度积极地交友，要相信大多数人是友好的、善良的，是值得信赖的。如果我们经常对朋友，尤其是好朋友抱着一种怀疑的态度，那就不是真心交友，也很难获得友谊。总之，在交友之前，要明确交友是为了克服偏执心理，是为了寻求友谊和帮助，和大家交流思想感情，消除心理障碍。二是注意交友的“心理相容原则”。选择交友对象，要选择和自己的性格、脾气相似和一致的人，这样有助于心理相容，搞好朋友关系。另外，性别、家境、兴趣爱好等亦是“心理相容”的参考因素。当然，最重要的还是思想意识和人生观、价值观的相似和一致，志同道合才是发展合作、巩固友谊的心理基础，才能达到克服自身弱点的目的。

5. 敌意纠正训练法

由于偏执的人易对他人和周围环境充满敌意，要克服敌意心理，可以采取以下训练方法：一是经常提醒自己，不要陷于“敌对心理”的漩涡中。在待人处事时，事先自我提醒和警告，时刻注意并纠正自己的“敌对心理”，让自己变得友好而和善，这样会明显减轻敌意心理和强烈的情绪反应。二是学会微笑。微笑不花钱，但价值无限。作为一个偏执的人，如果能对所有你认识的人微笑，并坚持这样做下去，你会发现真的会得到改变。可能开始时你很不习惯，做得不自然，但这样做下去，并且努力去做好，久而久之，你就会从一个偏执的人，变成一个待人热情有礼的人，大家也都会越来越喜欢你。

偏执是一种可怕的病态心理，农村地区高中学生一定要消除固执心理，尽量去改变能改变的，容纳不能改变的，摆正心态，从容面对学习和生活，从中感受幸福、美好和快乐。

第四节　积极面对人际交往

近几年来，“社交恐惧症”一词相当火热，很多年轻人表示自己有这样的恐惧症。事实上，大多数人只是对社交有一种恐惧情绪，并不是真正的“社交恐惧症”，而害怕与人交往也是正常现象。由于缺乏自信、不善于表达、错误的自我认知等多方面因素，导致一些人在与人接触时会出现畏惧心理，这并不是什么大不了的事情，自我调整一番就可以克服。

针对农村地区高中学生，笔者提出以下一些克服害怕与人交往的方法：

· 试着每天至少和一个身边的同学聊天，从开始的 5 分钟逐渐增加到 20 分钟。再试着主动和陌生人聊天，每次 2 ~ 3 分钟，从每周一次逐渐增加到每天一次。

· 充分利用各种可以在众人面前发言的机会，争取每次都可以发言。

· 多读书、读报，多上网看资讯，了解各种新的消息和知识，以此作为与同学和朋友聊天的谈资。

· 增加自己的兴趣，多和一些与自己兴趣相同的朋友谈天说地或者游玩。

· 从外形上改变自己，穿着整齐，搭配得体。外表变得更好，可以增加自信。

· 在和别人聊天的过程中，要用坚定的眼神注视对方，不要目光游离，表现出一副心不在焉的样子。

· 多和外向的人在一起，看看他们平时是怎么与人相处的，从他们身上吸取一些与人交往的经验。

· 不断调整自己的心态，让自己变得乐观、开朗。

· 多参加一些有益的社交活动，业余时间上些其他的课，可以认识更多的人，借此加强人际交往。

以上方法只适用于一般的恐惧情绪，若是社交恐惧症让你害怕与人交往，那么就要格外注意了。

心理学家认为，由于自身太看重外界的影响，担心别人批评自己、对自己有不好的评价，或者害怕被别人拒绝，或者对自己的某方面，如外貌、能力没有信心，因此心存疑虑，举棋不定，不敢与人交往。

社交恐惧心理是普遍存在的，即使是社会名流也有手心出汗、词不达意的时候。美国前总统卡特、电影明星凯瑟琳·戴尼维等，他们都曾表示在公众场合讲话时会感到紧张。之所以能够成功地应付紧张，是因为他们懂得如何调适自己的内心，使自己在极短的时间内回到自如的状态。如果你的恐惧情绪没有影响到生活中的正常交往，不用恐慌。若是出现上述提到的社交恐惧心理表现，最好向有关专家咨询求助，使自己早日摆脱恐惧的折磨，拥有更多的朋友，进而安心学习、快乐生活。

在校园里的农村地区高中生，每天接触最多的还是老师和同学，正确面对和老师、同学之间出现的问题是非常值得思考的。据笔者多年的从教经验，学生普遍比较排斥老师的批评，甚至有一些学生存在怨恨、仇视的心理，这是一种非常错误的行为，也反映出了部分学生在对待老师的批评时缺乏良好的心态。但事实上学生时代被老师批评是很正常的事，每一个老师都希望自己的学生出类拔萃，所以当他们看到自己的学生犯错的时候，就会及时指正。一些性格开朗的学生往往不会在意自己受到了批评，认为只要改正了就好；但也有一些学生觉得很难为情，受到老师的批评让他们感到非常委屈，甚至对老师产生敌对情绪。然而这样不仅伤害了师生情谊，更是对自身发展毫无益处。那么高中学生应该如何正确面对老师的批评呢？

1. 换位思考

自己犯了错误，被老师批评时，如果感到难以接受，这时不妨换个角度，设身处地从老师的角度考虑：如果我是老师，会怎样对待犯了这种错误的学生？真的能做到置之不理、放任自流吗？毋庸置疑，谁也不能。这样一想，自己内心就会平和许多，也会正视自己的缺点错误了。如果只是局限于自我的角度考虑问题，就会感情用事，陷入狭隘、偏执、片面的泥潭难以自拔。事实上，换个角度思考问题，往往会收到柳暗花明的效果。

2. 及时改正

如果学生能从错误、失败中吸取教训，及时改正，很快就会得到老师的谅解和尊重，以及同学们的赞许。据心理学家研究表明，当人们看到犯了错误的人竭尽全力去改正时，大都会因此而生恻隐之心，减轻对其错误的谴责和反感心理，与此同时，还会给予一定的支持和帮助。也许只有化被动为主动，变不利因素为有利因素，一切才会朝着好的方向发展。

3. 认真学习，为班级做贡献

作为一名学生，要将自己应该完成的任务按时完成，认真学习文化知识的同时，更要团结同学，积极为班级做贡献。比如，涉及集体荣誉的事情，必须更为谨慎和认真。此外，作为一名学生，还要不断学习，提高自己的学习能力和成绩。只有做好自己该做的，才是一名优秀的学生，老师也绝对不会批评这样的学生。

总之，面对老师的批评，不要抱怨，不要赌气，更不要一怒之下选择顶撞老师，而是要学会理解并做到以上三个方面。这样，不但可以避免再次被老师批评，还能因此得到进步。

除此之外，和同学们相处也是必不可少的，拥有和谐的同学关系是保持阳光心态的“法宝”。但是在农村地区高中校园里，有一些班级会存在“孤立”现象。被孤立的学生有的是因为性格上的问题，还有的是因为比较优秀惹人嫉妒，但也有一些是因为喜欢拉帮结派，故意孤立他人并以此为乐趣。如果你不幸被孤立了，要针对具体情况，认真分析，看是自己的问题，还是同学们的故意排挤，然后采取正确的措施，让自己在一个和谐的氛围中学习。

如果是被同学故意排斥，该怎么办呢？

1. 不要因同学排斥而以牙还牙

有些学生见同学排斥自己，就会觉得此仇不报非君子，于是采取以牙还牙的反排斥手法：要么指责人家吃不到葡萄说葡萄酸，要么就攻击同学，要么拒同学于千里之外……其实，这些都是不明智的举动，只会使关系更加恶化，将自己置于孤立无援的境地。

面对同学的排斥，不要一心想着如何报仇，而是要仔细分析自己遭同学排斥的原因。即使断定他们完全是嫉妒性的排斥，也不要生闷气，要让同学有一个认可和接受的过程，即使可能需要花费较长的时间，要相信，只要自己有良好的性格，有过硬的本领，认真学习取得良好的成绩，就一定会赢得同学的接纳。虽然遭同学排斥自己会感到很委屈，但是也不要解释什么，把它埋藏在肚子里，有些事情解释得越多就越容易走向反面。等到同学真正认可的时候，自然就会忘记过往那些不愉快的情绪了。

2. 不要因同学排斥而故意取悦

有些学生见自己总是遭到同学不冷不热的态度，和同学又没有什么共同语言，于是就不分原因、不讲原则地去讨好同学：不是给同学小恩小惠、拍同学的马屁，就是无话找话去接近，或故意假惺惺地调侃自己、贬损自己等，想以此来获取同学的好感，冲淡对自己的排斥。

这是完全没有必要的。有时候，面对同学排斥，如果把它当作一件大事来对待，同学的兴趣就会越来越大，假如一副无所谓的态度，同学也会因此感到没劲。所以，如果因同学的排斥而去取悦他们，换来的很可能就是更大的排斥，因为他从排斥中看到了效果，继而会乐此不疲地继续“玩”下去，并不会受到真心对待，长此以往，也就得不偿失了。

3. 努力提升自我

不论同学如何对待自己，自己该怎么做还是要怎么做。不但要继续保持友好和善的态度，还要努力学习，不断“充电”，自我提升。即使同学们会有一些冷嘲热讽，也不要放在心上。

总而言之，被同学排斥的原因会有很多，而对付他们排挤的最好策略就是不当一回事，要努力用自己崇高的人品和杰出的才华说话，用事实和成绩说话，才能最终赢得同学们的真诚和友善，从而与之和谐共处。

第五节　每天学一点社交小技巧

一、重视第一印象

第一印象给人的信息对印象的形成作用很大，也叫首因效应。一个人给他人的第一印象，往往影响人们对其以后的看法和交往活动。好的印象会有好的评价，坏的印象就会留下坏的评价。要想给人留下好的印象，建立良好的人际关系，就要重视第一印象，重视首因效应。影响首因效应的因素有很多，归纳起来，主要有相貌因素、语言因素、表情和姿态因素及空间和时间因素四种，只要充分利用这四种因素，就可以更好地运用首因效应。

1．相貌因素

相貌因素对人的第一印象有着重要的影响。一般人在判断别人时，特别是在初次接触时，第一印象往往来自对其外表特征的评价，而在日后的交往中，从心理上往往无法消除对其外表所产生的印象。因此，学生在与他人交往的时候，一定要穿着整洁大方，打扮适度，让自己的外表和风度看上去符合学生的身份，这样也容易建立起良好的人际关系。

2．语言因素

语言作为最简单、最直接的表达方式，其重要性不言而喻。因此，它对人的第一印象有着非常重要的影响。说话不仅是一门艺术，更是一门技术。会说话是一种本事。因此，学生在与人交谈的时候，要注意说话的语气、语调以及措辞，多使用礼貌用语，不要什么话都说。说话要有理有据，不要乱说一气，让人摸不着头脑。这样才能给人留下好的印象，让人觉得是一个有思想、有条理、有礼貌的人。

3. 表情、姿态等因素

在人际交往中，非语言符号在人类的社会沟通中起着十分重要的作用。非语言符号包括手势、面部表情、体态表情等。人体的各部分动作在交往中也有细微的差别，而这些细微的差别在同样动作的运用中又是含义不一的，因此，在与人交流的时候，我们一定要注意自己的言行举止、表情以及姿态，不要让自己表现得失礼，显得很没有素质和修养。

4. 空间和时间因素

空间和时间因素同样是利用首因效应时应考虑的重要因素，也是沟通情境的重要组成部分。因此，在选择交谈场所的时候，我们应根据交流对象和内容的不同而有所区分。此外，还要注意交流双方面对面的位置，以表示对说话者的注意，促进思想交流。在时间方面，应选择对方有空的时候，不要在人家忙得焦头烂额的时候去邀请人家闲谈。注意好这两点，就能给对方留下好的印象。

在人们的日常交往中，尤其是与别人的初次交往时，一定要注意给别人留下美好的第一印象。学生在社交活动中，可以充分利用首因效应，将自己最美好的一面展示给其他同学，为日后进一步深交打下良好的基础。

二、充分利用“小礼物”

俗话说：“礼轻情谊重”。与同学交往，有时候送一些小礼物常常能起到促进感情、融洽关系的作用。很多学生也明白这个道理，只是有些时候不知道怎么送，总觉得找不到合适的时机和理由。送礼其实很简单，只要想送就可以送。

作为同学，如果能在逢年过节，或者其他一些特别的日子，比如生日的时候，送个小礼物，别人就能知道你对他们很在意、很用心。再加上几句祝福，几句关爱的话语，更显得情义无价，更能让对方感动。有这样的基础，在与人交往时，对方也自然愿意和你多接触、多交流，把你视为自己的贴心好友。如此一来，何愁没有好的人际关系呢？

但送礼也不能盲目送，需要遵循一定的原则，主要有以下几点：

（1）送给谁？首先要了解送礼的对象。送礼之前弄清楚同学的性格类型、爱好、忌讳等。比如人家对花粉过敏，你却送他一束花，这会让人家心里犯嘀咕。所以，最重要的就是投其所好、投其所要。

（2）送什么？礼品的价值不在价格而在于用心，只要心意到了，什么样的礼物都会让人觉得心里暖暖的，还能给同学留下深刻的、美好的印象。

（3）在什么地方送？同学之间送礼品注重的是情谊、情感表达，礼品是人际交往的载体，最好是在私底下进行，否则送时兴师动众，会让收礼者心里有顾忌，结果可能适得其反。

（4）什么时间送？关于送礼的时间，可以依情况而定，逢年过节，特殊节日，等等。

三、巧用赞美

赞美是一门艺术。一句话能把人说笑，也能把人说跳。学会赞美别人，我们就能获得对方的好感，与他们和谐友好相处。其实，人的天性就是喜欢自己主动而不是被动地做一些事情，而赞美就有这样神奇的效果。

每个人都喜欢被称赞。无论是六岁的孩子，还是古稀的老人都是如此。人的天性尤其喜欢将自己和别人比一比，将自己说得比别人好一点。赞美可以给人带来喜悦，带来快乐，谁都不喜欢看一张冷漠的脸和听到一些缺乏热情的语言。只要你的赞美出于真诚，没有一个人会抗拒你的善意。那么，如何赞美别人才能获得别人的好感呢？

（1）让赞美具体化。赞美别人的时候，不能空泛，这样会显得虚幻生硬，使人怀疑你的动机。正确的赞美方式是要让赞美具体化，进而体现真诚，把话说得更具体一些，才能让人觉得你说的是真心的，别人才会接受，才会因此对你心生好感。

（2）从否定到肯定的评价。比如我很少佩服什么人，但你是个例外；我一生只佩服两个人，一个是×××，一个是你。

（3）当一个捧人的角色。在相声表演中，有一个捧角儿，一个逗角儿，因为这个捧角儿，让逗的那个人光芒四射，霞光异彩。同样，在工作和生活中，我们也要试着让自己扮演一个捧人的角色，这样可以彰显我们的胸怀和气度。

（4）逐渐增强评价。从心理学的角度讲，如果想要得到一个人的心，就要逐渐增加你的赞美；如果你要伤害一个人，就要逐渐降低对他的评价。比如你是一名班级干部，要想让同学服从你的领导，可以说同学们很配合我的工作，上自习不交头接耳、不乱扔纸屑等，他们就会非常配合；而如果你对同学们的一些不好的行为大加责怪，他们也会因为气愤而与你对着干。因此，要想获得同学们的好感，就要学会增强你的善意评价。

（5）主动和同学打招呼。走在校园里，主动和同学们打招呼，证明你尊重他，他就会对你产生好感。如果你能一直这么做，你就会不断得到大家的好感，大家也会越来越喜欢你。

四、充分运用三明治法则

很多学生作为班级干部总是不好意思管理其他同学，甚至害怕因为批评其他同学而会被孤立。这个时候，就可以运用三明治法则，既能够管理好同学，又能够和同学保持良好的关系。

在批评心理学中，人们把批评的内容夹在两个表扬之间从而使被批评者愉快地接受批评的现象，称为三明治效应。这种批评法就如三明治，一般包括三个层次：第一层是认同、赏识和肯定；中间一层夹着建议、批评或不同的观点；第三层则是鼓励、支持和希望，使之回味无穷。这种批评法，不仅不会挫伤被批评者的自尊心和积极性，而且还会使他积极地接受批评，并改正自己的不足。

具体来说，通过运用三明治法则，可以产生以下作用：

1. 去防卫心理

在批评人的时候，如果一开始就是批评，语气又十分严厉，那么被批评者就会产生一种自然的反射状的防御反应，以保护自我。一旦产生了这种防卫心态，他就很难再听得进批评意见了，即使批评是对的，也徒劳无功。因此，在批评之前，先说些亲切关怀赞美之类的话，可以制造一些友好的沟通氛围让对方卸下防卫，安下心来接受批评。

2．给受批评者面子

批评只是一种手段，是为了改善被批评者的错误行为。因此，批评也要讲究方法。运用三明治法则进行批评，不但可以指出问题，易于让人接受，还不留下后遗症，没有让被批评者觉得自己丢面子。通过使用三明治法则，不伤人的感情、不损坏人的自尊心，反而能激发人向善的良心，使人做出一些更加积极的行为。

第六章　关于心理问题引起的精神疾病的治疗

第一节　神经衰弱的症状及治疗

神经衰弱是一种常见的心理疾病。在各种神经症患者中，神经衰弱症患者接近40%，是发病率最高的。神经衰弱症是一种病因复杂的整体性疾病，与躯体、精神、外界环境以及社会环境有关系。其主要症状如下：

（1）异常兴奋。有些病人表现为容易兴奋、激动；不能忍受通常的声、光刺激，因为喧闹而烦恼或发脾气。这类症状并没有严重到影响社会生活的程度。

（2）睡眠障碍。患者白天总是处于昏昏欲睡的状态，夜间则不易入睡、多梦、易醒，需要经常服用安眠类药物来维持睡眠。

（3）衰弱症状。在日常生活中，只要稍一活动，甚至早上起床后尚未开始活动，就会脑力和体力不足，感到疲乏；工作或阅读时注意力不易持续集中；记忆力差；但对有兴趣的活动精力较好。

（4）其他躯体症状。最常见的是头昏、头痛、肌肉酸痛，夜间失眠后这些症状更重。

（5）继发性焦虑。患者常因上述症状长期不愈而焦虑，甚至产生继发的疑病或抑郁症状。诱发因素明显而又能及时获得治疗者，病程较短；个性或遗传因素较明显者，病程较长。但病程无论多长，病情一般都维持在某一水平而不发生进行性恶化。

一般说来，神经衰弱患者多为青壮年和从事脑力工作的劳动者。只要有与疾病作斗争的愿望和决心，从解决认识问题入手，并在行为上进行自我调整，完全可以依靠自己的力量恢复健康。治疗神经衰弱的方法有以下几种：

（1）内心暗示自己，自我调整。神经衰弱可以通过自我治疗来控制和缓解。比如，在自己的心里，给自己一些暗示，告诉自己病情已经有所改善，就快痊愈，从而放松身体以及神经系统，这样可以有效避免紧张的情绪，舒缓身心，有助于恢复健康。

（2）心理疗法。精神疾病可以通过心理治疗的方法来缓解。例如，咨询心理医生，进行心理沟通和疏导，帮助患者树立战胜疾病的信心。

（3）听音乐。听一些轻音乐有助于消除疲劳紧张感、缓解身心压力、娱乐身心。需要注意的是，要把握好听音乐的时间以及控制好音量。如果能把握好这点，就能够有效地缓解病情。如果把握不好，还有可能影响病情或者加重病情。

总之，患者不要把这种疾病当成一种心理负担，而是要保持积极乐观的心态，坚定战胜病魔的信心，再配合专业高效的治疗方法，就会及早远离疾病，从而恢复健康。

第二节 抑郁症和自闭症的症状及治疗

抑郁症和自闭症有些时候是可以同时出现在一个人身上的，因为抑郁的人往往也会伴随着表达欲的减少甚至丧失。本节将要为大家详细介绍抑郁症和自闭症的症状及治疗。

一、抑郁症的症状及治疗

抑郁症发病率很高，大约每 7 个成年人中就有 1 个抑郁症患者，因此它被称为精神病学中的“感冒”。目前，抑郁症已成为全球疾病中给人类造成严重负担的第二重要疾病，对患者及其家属造成的痛苦、对社会造成的损失都是非常大的。所以，必须及早发现、及早治疗，以免除患者痛苦。具体来说，抑郁症的症状主要表现在五个方面：

（1）情绪障碍。患者心境不良，情绪消沉，或焦虑、烦躁、坐立不安；对日常活动丧失兴趣，丧失愉快感，整日愁眉苦脸，忧心忡忡。

（2）思维缓慢及自我评价降低。表现为思考能力下降，患者常常感到思维变慢了，脑子不好使了，各方面能力都下降了，常常自疚自责，自我评价过低。

（3）精神运动迟缓。患者精神运动明显抑制，联想困难，言语减少，语音低沉，行动缓慢。

（4）其他症状。患者常常出现食欲、性欲明显减退，明显消瘦，体重减轻；失眠严重，入睡困难，噩梦易醒，早醒，醒后无法入睡，晨重夜轻。

（5）伴随症状。情绪反应不仅表现在心境上，还伴有机体的某些变化，如口干、便秘、消化不良、胃肠功能减弱，或全身不定部位的疼痛，有时因躯体症状突出而掩盖了抑郁症状，造成一时误诊。

抑郁症虽然很顽固，但是如果施以正确的治疗方法，也是可以治愈的。一般来说，只有对症下药，才能药到病除，治疗抑郁症要根据其轻重程度、病症的不同采用不同的治疗方法，这样才能帮助患者摆脱疾病的折磨。抑郁症的一般治疗方法如下：

1. 心理疗法

心理疗法是精神抑郁症治疗方法中十分重要的一种。轻度抑郁症可以不用药物治疗，仅仅依靠心理疗法，而中重度抑郁症治疗在采用抗抑郁剂控制病情的同时，心理医生一般也会辅助实施心理疗法配合治疗。通过运用各种心理学的方法，如精神分析疗法、认知疗法、心灵重塑疗法、暗示疗法等，引导病人进行认知的改变与心灵的重建，化解不良认知，使他们减少悲观和失望的情绪，唤起病人积极的信念，这个过程是在心理咨询师带领下病人对自身心灵探索的旅程，是任何药物替代不了的。

心理疗法可以通过几种途径帮助人们从抑郁中恢复，这些途径包括认知上的、动作上的、人际间的、心理动力的和其他种类的“谈话疗法”。心理疗法给人们提供机会来辨别导致他们产生抑郁症的原因，并且针对心理、行为、人际和环境等因素进行有效的处理。

2. 抗抑郁药物治疗

目前对中度以上精神抑郁症治疗方法中，心理医生主张以抗抑郁药物治疗为首选。医生可能会根据患者正在服用的药物及可能出现的副作用来选择药物。如果患者以前患过抑郁症，医生通常建议患者服用与以前相同的药物，如果患者有家族抑郁史，医生可选择对患者的家人起作用的药物。

3. 食疗

（1）全谷多纤维食物。每餐吃点全谷食物、糙米以及多纤维食物等复合碳水化合物，有助于增强饱腹感，防止暴躁易怒情绪。而白面包、通心粉和精加工面粉制作的食物不易令人维持好心情，还易导致肥胖。

（2）蓝莓。蓝莓多纤维且低热量，富含多种抗氧化剂和维生素 C，有助于缓解压力。常吃蓝莓有助于减少自由基对大脑的损伤，改善和保护记忆力。

（3）扁豆。扁豆等豆类食物富含 B 族维生素和叶酸，可改善情绪和大脑神经功能。哈佛大学一项研究发现，38% 的患抑郁症女性存在叶酸不足问题。

4. 建立可靠的人际关系

当不利的事情发生时，如果身边有一个完全可以信赖的人，无论是亲戚还是朋友，都可以有效地防止抑郁症的发生。如果你还没有一个可以这样依靠的人，就应该想办法建立这样的人际关系。

二、自闭症的症状及治疗

自闭症又称孤独症，发病原因不明，而且发病率也越来越高，但发病率的增高更多是因为诊断方法的完善和大众相关意识的普及。如果人们对自闭症有正确的认识和了解，及时治疗，就会减少自闭症的发病率。自闭症的症状主要有以下几种：

1. 社交发展方面

对外界事物不感兴趣，忽视别人的存在；与人缺乏目光接触，未能主动与人交往、分享或参与活动；在群处方面，模仿力较弱，没有掌握社交技巧，缺乏合作性；想象力较弱，极少通过玩具进行象征性的游戏活动。

2. 沟通方面

语言发展迟缓和有障碍，说话内容、速度及音调异常；对语言理解和非语言沟通有不同程度的困难；可能欠缺口语沟通的能力。

3. 行为方面

在日常生活中，坚持某些行事方式和程序，拒绝改变习惯和常规，并且不断重复一些动作；兴趣狭窄，会极度专注于某些物件，或对物件的某些部分或某些特定形状的物体特别感兴趣。

从发病症状来看，自闭症对人的影响很大，需要及早发现并选择合理正确的治疗方法，才能够将其治愈，下面几种是比较常见而且有效的治疗方法：

1. 西医治疗

近年来，试用传统的或新型的抗精神病药物进行生物医学干预，效果仍待进一步提高，尤其是副作用很大，这点一直为大家所诟病。若患者伴随的精神神经症状明显，威胁到自身或他人安全甚至严重干扰患者接受教育和训练，影响日常生活，就可使用以下药物对症治疗：

· 利培酮。2006 年获得美国食品药品管理局批准治疗 5 ~ 16 岁孤独症。药物能改善患者发脾气等易激惹症状、自伤和攻击行为。

· 中枢兴奋药物。适用于合并注意缺陷和多动症状患者。常用药物哌醋甲酯或苯异妥因。

· 抗癫痫药物。丙戊酸盐、卡马西平、硝西泮用于合并癫痫发作者。

2. 中医治疗

主要治疗方案有经络穴位按摩、针灸、中药、膳食疗法等。有中医工作者和中医机构在正确辨症的基础上，拟定合理的穴位配方，结合丰富的按摩手法，开展了一种自闭症的穴位按摩治疗方法，收到了比较理想的治疗效果。也有中医工作者和中医院大力提倡中药治疗，取得了比较理想的效果。

第三节　强迫症的症状及治疗

强迫症属于焦虑症的一种，患有此病的人总是被一种强迫思维所困扰，在生活中，患者会反复出现强迫观念及强迫行为。患者的自知力完好，知道这样是没有必要的，但就是无法摆脱，总是不由自主地出现强迫行为，他们感到很痛苦，却无法摆脱。强迫症的症状如下：

· 经常对病菌和各种疾病敏感，并毫无必要地担心。

· 经常反复洗手而且洗手的时间很长，超过正常的需要，有时会毫无原因地重复相同的话语好几次。

· 觉得自己穿衣、清洗、吃饭、走路时要遵循特殊的顺序。

· 经常没有必要地反复做某些事情，例如检查门窗、开关、煤气、钱物、文件、表格、信件等。

· 对自己做的大多数事情都要产生怀疑。

· 经常不自觉地去想一些不愉快的回忆或想法，使人不能摆脱。

· 经常认为自己细小的差错就会引起灾难性的后果。

· 时常无原因地担心自己患了某种疾病。

· 在某些场合，很害怕做出尴尬的事。

· 当看到刀、匕首和其他尖锐物品时会感到心烦意乱。

· 为要完全记住一些不重要的事情而困扰。

· 有时会毫无原因地破坏某些物品，或伤害他人。

· 在某些场合，即使当时生病了，也想暴食一顿；当听到自杀，犯罪或生病这类事情时，会心烦意乱很长时间，很难不去想它。

· 有洁癖、幻想症、电邮综合征等表现。

· 时常无原因地计数或多次吟唱某一段歌曲。

·当脑子里出现、听到或看到的某一个观念或某一句话时，便不由自主地联想起另一个观念或词句。

目前，强迫症已经成为一种常见的精神疾病，据国外流行病学统计，患病者占2%~3%，发病的平均年龄范围是22~36岁，35岁以上发病者只占15%。强迫症的治疗方法如下：

1. 制响法

制响法是用震惊术打断强迫观念、强迫情绪和强迫意向的自控方式。例如用一个定时闹钟，让它每3分钟响一次，钟响时大声说“停”，以驱除强迫症状。多次做到后，便依次改用正常声音、微弱声音直至仅在内心说“停”来驱除强迫观念等强迫症状。

2. 行为终止法

行为终止法是用毅力强行终止强迫行为的自控方式，当强迫行为出现时，心里就默念：“毫无必要，我有毅力控制它”，然后用顽强的意志强行终止强迫行为，由此来抵抗强迫症。

3. 替代法

替代法是用不相容的观念、意向和行为，去取代强迫观念、意向和行为的自控方式。在出现强迫症状时，立即去回忆、去设想有趣的情景，或者立即去从事需要高度集中注意力的活动，从而使强迫症状自行消除。

4. 心理动力学治疗

心理动力学治疗强调通过顿悟、改变情绪经验以及强化自我的方法，分析和解释各种心理现象之间的矛盾冲突，以达到治疗的目的。

第四节　恐惧症的症状及治疗

所谓恐惧症，是对某种物体或某种环境的一种无理性的、不适当的恐惧感。一旦面对这种物体或环境，恐惧症患者就会产生一种极端的恐怖感，以致会千方百计地躲避这种环境，因为他害怕自己无法逃脱。诱发恐惧症的病因不是单一性的，一般认为，有生物学上的因素，即遗传性的性格脆弱，这类人最易产生恐惧感。并且，无能力解决自身承受的精神压力也是促成恐惧症发病的一种因素。

恐惧症是焦虑障碍的一个重要类型，其主要症状如下：

· 害怕上公共卫生间。

· 害怕在别人的注视下进餐。

· 害怕在大众面前讲话或做其他事情。

· 害怕在别人的注视下写作。

· 害怕和异性交谈。

· 害怕被介绍给陌生人。

患病后常表现为：焦躁不安、精神萎靡不振、酗酒、过量吸烟、一天到晚待在家里、对于外界环境冷漠。研究表明，在恐惧症患者中，2/3 的病人是独身、离婚或丧偶，1/2 的病人未能高中毕业，1/5 的病人接受救济，7/10 的病人处于低收入经济状态。由于该障碍持续存在，并且很少自然缓解，加上就诊率低，使以上后果更为严重。为了避免发生更严重的后果，在疾病发生之后，就应立即采取治疗手段。恐惧症的治疗方法如下：

1. 恐惧症的自我防治

从心理上去掉自卑感。人如果经常带着消极的心理，就会使自己不愿意说话。金无足赤，人无完人。在社会交往中，要多想一想自己的长处和优势，树立自强、自信、自立的精神和心态，只有这样，才能在心理上战胜消极，才能在为人处世时表现得落落大方。

从心理上去除“怕”字。社交活动只不过是社会中人与人的交往与应酬。担心自己表现不好，过分注意在社交中的言行举止是多余的，该怎样就怎样，表现自然是最好的，时间长了就会习惯，便不再害怕了。

2. 催眠疗法

由精神分析师对患者进行催眠，挖掘患者心灵或记忆深处的东西，看患者是否经历过某种窘迫的事件，试图寻找发病的根源。当然，这种疗法所需时间长，花费比较大。

3. 暴露疗法

医生让患者站在车水马龙的大街上，或者让患者站在自己很惧怕的异性面前，利用巨大的心理刺激对其进行强迫治疗，效果显著。

4. 情景治疗

把患者放在一个假想的空间里，不断地模拟发生社交恐惧症的场景，不断练习重复发生症状的情节，精神分析师会不断地鼓励患者面对这种场面，让患者从假想中适应这种焦虑紧张的环境。

5. 认知疗法

医生通过不断地向患者灌输观念的治疗方法，让患者认识到这种恐惧是非正常的，从而使患者正确认识人与人交往的程序以及一些与人交往的方法，等等。

6. 芳香疗法

芳香疗法是指采用中医的传统枕疗与芳香疗法相结合进行治疗的一种方法。现代相关研究证明，芳香疗法对心理状态的调整是很有效的，因为服用药物有很多的副作用，而在睡眠中使用芳香类的植物气息，温馨、舒适、长久的作用，使患者容易对其产生较好的依从性。

第五节　神经质和癔症的症状及治疗

日常生活中，神经质和癔症的症状就是平常人们所说的“神经病”，这两种心理疾病有相似之处，但也有不同之处。

一、神经质的症状及治疗

从心理学的角度来说，神经质是一种心理疾病，其形成的关键因素有两点：一是神经质性格；二是由神经质性格决定的，将注意力过分集中于感知或极力排除症状，结果使病人生活偏离常轨，陷于恶性循环之中。神经质的症状主要表现在：

· 求生欲望过于强烈；

· 内省力过强；

· 将专注力指向生命安全，过分关注自身的体验或不适；

· 患得患失，犹豫不决，常推迟或避免做出决定；

· 常常没有安全感，喜欢穷思竭虑；

· 对拒绝和批评过分敏感；

· 过分追求完美；

· 主观强求不以人们意志为转移的客观现实。

神经质的治疗方法也是多种多样的，常见的治疗方法主要有：

1．饮食疗法

尽量不吃肉，从大豆和鱼中提取蛋白质；尽量在家里定时用餐，不要到外面去吃饭；避免吃甜食；最好坚持长跑，再慢慢发展为短跑和合作项目；工作要有计划，保持耐心，多与周围人交流。

2．生活疗法

过简朴的生活，注意积蓄钱财；最好改变一下目前的居住和工作环境；重新学习一项技术，或培养一项新的业余爱好；主动与周围的人建立良好的关系；为别人着想，控制自己的欲望。

3．森田疗法

森田疗法主张顺其自然、为所当为，不仅用脑去理解，更重要的是通过实践行动去理解。只是思考，什么也不会产生，要行动，要不断做出成绩，要通过亲身体验去理解。

顺其自然，就是对出现的情绪和症状不要太在乎，着眼于自己的目的去做应该做的事情。保持“既来之则安之”的态度，对情绪要顺其自然，去做应该做的事情。而不是出现了不安，就任凭这种不安去支配行动，受制于不安。外表自然，内心健康。虽然患病，但只要像健康人一样地生活就能健康起来。神经质患者总是希望先消除症状，然后再恢复到健康的生活，这种想法是不正确的，这样做永远不能有健康人的生活。只有先像健康人一样去行动，不理会那些不良情绪，情绪就会慢慢变成健康的情绪，患者才能尽快得到康复。

二、癔症的症状及治疗

癔症的临床表现复杂多样，可类似多种疾病的症状，几乎占据了医学临床各科的所有疾病的症状表现，主要包括躯体症状和精神症状两种，其中，躯体症状表现可呈现出类似各种神经系统或内脏器官疾病的临床表现，但缺乏器质性疾病的阳性体征，症状表现为器官的功能过度兴奋或脱失。

常见的躯体症状如下：

1. 感觉障碍

（1）感觉脱失。各种浅感觉减退或消失，具有多种表现形式，如全身型、半侧型、截瘫型、手套或袜套型等，以半侧型为多见，麻木区与正常侧界限明确，沿中线或呈不规则分布，均不能以神经系统器质性病变规律来解释。

（2）感觉过敏。如皮肤痛觉过敏、身体某局部剧烈且持续性疼痛，若发生在腹部则易误为急腹症。

（3）特殊感官功能障碍。有暴发性耳聋、视野缩小（管型视野，又称管窥）、弱视或失明，嗅觉和味觉障碍等。

2. 运动障碍

（1）痉挛发作。发作时徐缓倒地，发作无规律性，或为四肢挺直，不能被动屈曲；或呈角弓反张状；或做挣扎乱动，呈现双手抓胸、揪头发、扯衣服、翻滚、喊叫等富有情感色彩的表现。发作时面色潮红、双目紧闭、眼球游动、瞳孔正常，对光反应存在。一般无咬破舌头、其他外伤及尿失禁，同时也查不到病理反射。发作时间持续数十分钟。一般意识不完全丧失，发作后能部分回忆。

（2）震颤。范围可涉及头、舌、肢体、腹壁等，为阵发性粗大不规则抖动，分散注意时可减轻症状。

（3）行立不能。卧位时双下肢活动正常，肌力良好，但不能站立，寸步难行。

（4）瘫痪。可为截瘫、偏瘫、一（或二、三、四）个肢体瘫痪。其肌张力正常、减低或增强，被动运动时常有抵抗，无肌萎缩，腱反射存在，无病理反射和膀胱、直肠括约肌功能障碍。

（5）失音和不言症。失音者说话时声低如耳语。不言者坚持缄默不语，但笔谈能力完好。若合并有耳聋时称癔症性聋哑症。

3．反射障碍

腱反射正常、活跃或减弱，偶有咽反射消失。

4．内脏功能障碍

（1）呕吐。多为顽固性呕吐，食后即吐，吐前无恶心，吐后仍可进食，虽长期呕吐，并不引起营养不良。消化道检查无相应的阳性发现。

（2）呃逆。呃逆发作顽固、频繁、声音响亮，在别人注意时尤为明显，无人时则减轻。

（3）过度换气。呈喘息样呼吸，虽然发作频繁且强烈，但无发绀与缺氧征象。

（4）其他。癔症球、多饮多尿、鼓肠等。

常见的精神症状表现如下：

1．朦胧状态

突然出现意识范围缩小，与外界能做部分接触和对答，说话内容简单，常反映与病因有关的内心体验。有时出现双重人格或鬼神附体，可有明显生动的幻视、幻听，情感丰富而逼真。持续半小时至两小时，叹口气后突然清醒，对发作中的经历仅能部分回忆或完全不能回忆。

2．木僵状态

突然起病，对外界刺激无反应，双上肢屈肘握拳，双下肢伸直，被动运动时有抵抗，腱反射正常，无病理反射。双目紧闭，被动翻眼球时上转或游动，瞳孔正常，对光反应存在。可伴有阵发性屏气，心律与血压正常。可持续数小时。

3．**情感爆发**

在精神因素作用下急性发病，表现为哭笑、喊叫、吵闹、愤怒、言语增多等，常以唱小调的方式表达内心情感。情感反应迅速，破涕为笑并伴有戏剧性表情动作。发作持续时间常受周围言语和态度的影响。发作时有轻度意识模糊，发作后能部分回忆。

4．**精神性遗忘症**

以对引起精神创伤事件的局限性遗忘较多见，对既往经历和全部遗忘见于战时癔症。

5．**神游症**

患者突然离家外出漫游，历时数日，清醒后对其过程不能回忆。

由此可见，癔病是在精神因素作用下急性起病，病程可随临床征象的不同而有差异。情感爆发、意识障碍、抽搐发作，一般于短期内即可消失，但常常有再发倾向。只要治疗及时，症状可以较快地消失，而且使疗效获得巩固，避免再发。癔症的治疗方法如下：

1．**药物治疗**

（1）癔症性精神病。药物治疗为主，根据病情及临床表现可选用不同的抗精神病药。

（2）分离性障碍。根据不同的症状如情感爆发、情感麻木、鬼神附体、冲动等，采用不同的治疗方案。

（3）转换性障碍。药物作为暗示治疗常可获得明显疗效。

2．**物理治疗**

中药、电针或针刺等治疗可收到较好的疗效。对于痉挛发作、朦胧状态、昏睡状态、木僵状态的病人，可针刺人中、合谷、内关穴位，且用较强刺激或通电加强刺激；对瘫痪、挛缩、呃逆、呕吐等症状，以直流感应电兴奋治疗或针刺治疗；对失音、耳聋症等，也可用电刺激、电兴奋治疗。在治疗时如能加以言语暗示，则效果更佳。

3. **心理治疗**

（1）解释性心理治疗。医生要让患者及其家属知道癔症是一种功能性疾病，完全可以治愈。以此使患者和家属对癔症有一个正确的认识，消除患者及其家属的种种疑虑，稳定患者情绪，并使其积极配合医生进行治疗。此外，还要引导患者认识病因及病因与治疗的关系，应对患者给予适当的安慰或鼓励。患者个人也应该理性地面对一切，加强自我锻炼，不要感情用事，要用积极主动的姿态去克服各种问题。通过多方面的共同努力，患者很容易恢复正常的状态。

（2）暗示治疗。暗示治疗是消除癔症症状，尤其是癔症性躯体障碍的有效方法。在施行暗示治疗时，还应注意以下两点：一方面，治疗环境要安静，以消除环境对病人的各种不良影响。一切无关人员均要离开治疗现场，避免由于家属或周围人的惊慌态度，或过分关注而使患者症状加重，给治疗带来困难。另一方面，医生在认真详细地询问病史以后，在接触病人并做全面检查的过程中，其态度应热情沉着、自信，要对治疗充满信心，建立良好的医患关系，使病人信任医生。

实践证明，病人对医生的信赖程度往往是暗示治疗的关键。在言语暗示的同时，应针对症状采取相应措施，如吸入氧气、针刺、给予注射用水或维生素 C 针剂肌肉注射、静脉推注钙剂及电兴奋治疗。

（3）催眠疗法。利用催眠时大脑生理功能的改变，通过言语，施以暗示，从而达到消除癔症症状的目的。

4. **精神治疗**

在癔症的各种治疗方法中，精神治疗是一种使用较多而且有效的治疗方法。在采用精神治疗时，病人的亲属、亲友、邻居及单位领导、同事的积极配合，也是治疗成功的关键。

当患者癔症发作时，亲属不要惊慌失措或过分关注。要改善对病人的态度，合理安排病人的生活及工作，调整环境，去除精神刺激。在癔症的治疗过程中，亲属应全面而客观地向医生介绍病史，放心地离开治疗现场，给治疗创造一个安静宽松的环境。因为亲属的过分关注、紧张或惊慌的情绪会影响病人，而且可能会对患者造成不良的暗示，使症状加重，加大治疗难度。

当治疗一段时间，症状有所好转时，亲属应配合医生继续鼓励或暗示病人，使症状得到更好地缓解。同时，亲属也应对病人进行一些必要的精神刺激，解除病人的紧张情绪，以获得更好的疗效，从而避免反复发作。

第七章　农村地区高中生心理健康教育的实施

第一节　农村地区高中校园的心理健康教育

随着新课程改革不断推进，农村地区高中生的心理健康教育已成为农村地区高中学校教育的重要内容。面对高考压力和学业问题的逐渐增加，农村地区高中生的心理健康状况堪忧，如何依据农村地区高中生心理发展特点探究适合其心理健康发展的模式，是农村教育领域亟待解决的问题。而如何在现有教育体制下，探索心理健康教育途径，构建有效的心理健康教育策略，整合德育、心理辅导、学科教学等教育资源，寓心理健康教育于常规教育教学之中，是农村地区高中心理健康教育面临的重要课题。

农村地区高中生这一特殊群体在中学生群体中占有相当大的比例，他们的心理健康状况受到社会的广泛关注，环境的变化和社会存在的问题对他们的健康成长有一定的影响。因此，加强对他们心理健康问题的研究，及时对症下药刻不容缓。有关研究表明，在我国中学生中，由心理问题而引发出逐年增加的负面事件令人吃惊，农村地区高中生的心理问题表现得尤为突出。如果不及时通过正确的心理预防和干预，就会严重影响个人的身心健康及未来的发展，因此，应该引起学校、家长和社会的重视。那么，学校作为学生高中阶段接触时间最长的地方，可以采取哪些方法维护学生的心理健康呢？

一、定期举办心理健康知识讲座，对学生进行集体辅导

高中生处于学龄晚期，这一年龄段的学生精力最旺盛、感情也最丰富，但是其身心发展仍未真正成熟，这一时期也是心理障碍的易发多发期。因此，学校可聘请专家举办不同内容的心理健康知识讲座。高一重点解决与初中的衔接问题，提高心理适应性能力等。高二重点从生理、心理角度引导学生以正确的心态处理与异性之间的交往，使其全身心投入到学习中。高三学生面临升学考试，可重点进行考试紧张心理自我调适、科学复习等。针对女生心理问题，可重点进行女性生理特征与卫生、自尊、自信、自立、自强的教育。

还可开设心理健康活动课，如开设心理健康教育选修课、活动课和专题讲座，通过心理训练、问题辨析、情境设计、角色扮演、心理知识讲座等，普及心理健康常识，帮助学生掌握一般的心理保健知识，培养良好的心理素质。在实施心理健康教育活动课时，要区别于其他学科的教学方式，不能只停留在说教或灌输理论知识方面，而要突出活动过程，让学生去亲身体验，通过实践活动过程获得心理提升。

二、设立心理咨询室（或心理辅导室）

可设立心理咨询室（或心理辅导室）进行个别辅导、小组辅导、个案分析、心理测试调查。开设心理咨询室是心理教师与学生进行沟通最有效的方式，可以对学生在学习、生活、交往、择业等活动中出现的问题提供指导和帮助，并对学生有关心理行为问题进行诊断、矫治。

对学生进行重点辅导，抓住教育学生的“关键期”，找准切入点，以防为主，以疏为辅。通过面谈、书面交流等方式帮助学生避免或消除不良心理与社会因素的干扰。根据农村高中生的特点，重点解决住校生的孤寂思家、特困生的物质压力、智优生的脆弱自负、后进生的自卑厌学等问题。可设立“悄悄话信箱”，架起师生之间心灵沟通的桥梁。对于普遍存在的心理问题，可在校报、黑板报中给予公开指导。

开展心理辅导活动，要依靠大多数教师和心理辅导员互相配合，应以预防性和发展性辅导为主，同时，通过矫治性辅导，对有心理问题或心理障碍的个别学生提供指导和帮助。

三、建立校园心理健康教育队伍

可建立一支以班主任和心理辅导老师为骨干，由全体教师共同参与的心理健康教育队伍。师生间不仅可以传授知识，也可以传递态度、意愿、情感等个性特征方面的内容。教师良好的心理品质，能有效地开发学生的心理潜能，帮助其塑造良好的个性。教师要有较强的心理承受能力，熟悉青少年心理特点，与学生建立良好的师生关系，共创一个民主、平等、合作、和谐的教学环境。

心理的健康只能靠健康的心理去培养，如果教师心理不健康，学生的心理健康就没有保证。因此，要提高教师心理素质，协调师生关系，建立良好的教育氛围。

为提高全体教师的心理教育理论水平和业务能力，可从理论和实践两方面入手，分三步走：

1. 转变教育观念，统一思想认识

学校心理健康教育往往被许多教师看成可有可无的工作，对心理健康教育不是很感兴趣，甚至于持拒绝或否定的态度。因此，可专门组织教师围绕“为什么要开展心理健康教育”专题，分组讨论、收集相关资料，使教师们充分认识到心理健康教育是当今社会发展的需要，是广大教育从业者不容推卸的责任，是迫在眉睫的工作。

2. 开展教师校本培训，提高理论水平

在统一思想认识基础上，可组织教师学习有关教育心理学理论，编写有关教师行为与学生心理相关理论和法规的学习资料，聘请教育心理学相关教授来校进行有关教师心理培养的专题讲座，组织有关教师参加心理健康教育现场交流研讨活动。通过集体学习、定期讲座等培训活动，可使教师知道“如何对学生进行心理辅导”，提高教师的心理健康教育理论水平。

3. 积极实践，勇于探索

观念的转变和理论的提高，可为心理健康教育实践打下坚实基础。在教育实践中，要鼓励全体教师积极参与对学生的心理辅导，使其在对学生进行心理辅导的过程中不断提高自己的辅导水平，同时提高自己的心理素质。让教师认识自己、不断改进和完善自己，在各自的本职工作岗位上做出更大的贡献。

四、加强学科渗透，发挥教材中心理教育内容

学科教学是学生接受学校教育的主要途径，各学科教学内容和教学过程都含有心理健康教育资源和机会，是结合学科教学的有效途径。课堂教学不仅是知识教育过程，也是学生心理活动与发展过程。因此，学科教师要有心理健康教育意识，大胆拓展学科课程的功能和目标，认真思考学科教学内容与心理健康教育的联系，深入挖掘学科教学内容中的心理健康教育内容，设计心理健康教育目标，准确把握切入点和结合点，使各学科的教学过程都能起到培养学生良好心理素质的作用。

对于有心理问题的学生，教师要与班主任保持一致，不讽刺、不歧视、多鼓励、多指导。在班级氛围、舆论导向、行为榜样上多下功夫。根据文理科的不同特征，分别开展心理教育。在文科教学中，结合文学鉴赏进行心理分析，如“从《红楼梦》的人物性格看心理作用”“葛朗台的偏执狂与心理顽症”“祥林嫂失子之后的心理状态分析”等，培养学生的自我调节能力。在理科教学中，注重挖掘科学史话、科学家攻关的故事等，每个公式与定理的解证步骤都与心理素质密切相关。

实际上，学科教学中渗透心理健康教育，可使心理健康教育目标在自然的教学工作状态中得以实现，具有潜移默化的效果，比心理健康教育活动课更为有效，更容易被高中学生所接受。

五、建立学生心理健康档案

除用 SCL－90 测试学生的心理健康状况外，还应根据不同年级学生的具

体特点，运用气质类型、性格向性、焦虑、人际关系适应等量表进行更具体的调查分析，所有结果整理后可以建立学生个体心理档案和团体心理档案。档案的建立能够更好地帮助教师认识学生个体与群体的心理和行为状况，为学校心理辅导工作提供依据，进一步促进学生管理科学化。

六、让班集体成为学生心理辅导的重要阵地

班级管理、班风建设实质上是对学生进行良好心理素质培养的过程。应该定期从班级、学生管理中的难点、热点问题中确定一个或几个专题，展开研讨，让各班利用每周的班会时间，有针对性地组织讨论，统一解决。

七、加大开展心理健康教育的科研力度

农村地区高中生心理健康问题已经越来越引起各方面的重视，但现状不容乐观，心理素质教育体系还很不完善，无相应的法律、法规及实施细则，没有纳入学校课程计划，没有全国中小学统一使用的高信度、高效度心理健康测量表，理论与实践存在脱节现象等。因此，可制定相应的法规，加大科研力度，全员参与，科学评价。

八、加强校园环境教育

苏霍姆林斯基曾把校园环境的教育比喻为“让每一面墙壁都会说话”。营造适合学生心理健康发展的氛围，使学校的每一个角落每一块墙壁都能育人。可在教室和走廊等适当位置悬挂国旗、名人画像、学生作品，在校园各显要位置树立文明语言提示牌，办各种专题的黑板报、宣传栏，利用广播、校报等平台弘扬正气，创建一种和谐、健康、文明、有序的校园环境。

九、构建心理健康教育校本课程，确保心理健康教育落实到位

课程是实施教育的载体，学校心理健康教育的目标和内容必须通过课程设置，才能纳入常规教育教学机制，才能转化为实际操作过程。因此，把心理健康教育纳入学校课程中，是保证心理健康教育落到实处的重要途径。

在新课程改革的背景下，为开发适合农村地区高中学生的心理健康课程，要树立以“学生为本”“以学校为本”“以活动为本”的新课程理念，以实用性、主体性、体验性、开放性为课程基本原则，以提高全体学生的心理素质、健全学生人格、开发学生潜能为课程目标，致力于学生、教师、家长的心理辅导及心理健康教育常识的普及等课程的探索。

十、引导学生进行心理健康自我教育，培养学生的成功心理

教育家苏霍姆林斯基说过：“只有能够激发学生自我的教育，才是真正的教育。”心理健康教育是一种反省的教育。所谓心理健康教育中的自我教育，就是指在心理健康教育中，强调学生主动、积极地参与，教师只是创造一个良好的、宽松的人文环境，提供必要的设备与资料，引导、帮助学生完成对自我的探索，实现自我心理素质的提升。在学生心理健康教育中开展自我教育，有利于充分挖掘学生的潜能，培养学生的自我认识能力、自我调控能力、自我实现和自我完善能力，培养学生健康的成功心理。

引导学生开展心理健康自我教育，可运用行动研究法的基本模型，将心理健康自我教育设计成五个基本步骤：

（1）确定问题。学生结合心理辅导活动内容，回顾自己的生活、学习经历，对自身行为进行反思自查，从实际心理需求出发，确定需要解决的问题。教师通过与学生交流分析后，将问题相似的同学组成合作学习小组。

（2）寻求解决问题的方案。教师可引导学生通过以下三个途径解决问题：一是通过网络获得有关心理健康问题的解决方法；二是通过合作学习，引导学生开展小组心理互助，大家一起查阅资料，分享别人的良好经验；三是通过老师寻求心理咨询辅导，最后确定适合自己解决问题的方案。

（3）实践阶段。将问题解决方案运用到实际行动中，在实践中不断认识自我、悦纳自我、矫正自我，进行自我心理调节。

（4）效果评价。学生通过实践效果进行自我评估，结合与教师的互动反馈，对方案的实施进行分析和总结，做出进一步调整。

（5）反思与发展。学生通过自我反思，促进自身心理品质的形成，有利

于自身心理品质的良性发展。

十一、在德育活动中渗透心理健康教育

德育重在“育德”，以提高人的思想觉悟和道德品质；心理健康教育重在“育心”，以提高人的心理健康素质。二者相互渗透，相互影响，相互作用。心理健康教育是德育的基础，良好的心理素质是优良的道德品质和高尚的思想觉悟得以形成的沃土，而良好的思想道德品质和高尚的思想觉悟又能促进心理素质的进一步提升。育人在于育心。学校德育工作可通过以下几个方面渗透心理健康教育：

1. 在德育内容中渗透心理健康内容

在学校德育工作中应注重学生内在心理的培养，强调德育工作必须从学生实际心理状况出发，充分运用心理健康教育理论和方法技巧，渗透自主、自觉、自尊、自律、自爱、自信、自我调控情绪、主动适应和承受挫折等心理教育内容，促进学生主动积极地提高思想道德水平。

2. 在德育活动实践中渗透心理健康教育

学校应积极创造良好的心理健康教育氛围，努力寻求心理健康教育的契机，大力开展丰富多彩的德育活动，寓心理健康教育于各种德育活动之中，让学生在喜闻乐见的活动中调节心理状态，提高心理素质，如开展社会实践活动、科技文化活动、共青团活动、专题演讲活动等。活动内容要从学生生活实际出发，利用学生身边发生的事，采用丰富多样的形式，让学生有更多机会与自己的“心”接触，从而促进学生心理健康成长。学校还可组织军训、敬老院献爱心、祭扫烈士墓等活动锻炼学生，让学生走向社会，在社会实践中学会明辨是非，接受磨砺与挫折教育，增强对不良思想行为的抵制能力，培养其良好的心理品质。

3. 在班级建设中渗透心理健康教育

班级是学生学习的重要场所，作为学生个体社会化所不可缺少的社会心理环境，班级及其活动对学生心理健康发展具有直接而深刻的影响。因此，

加强班级建设，开展班级心理健康教育活动，是学校心理健康教育的主阵地。班主任通过帮助学生认识自我、确立个人理想目标、开展个别心理辅导、召开班会、建立学生心灵日记等，使学生对班级产生高度的认同感和归属感，构建和谐的班集体。班主任要把管理的权力交给学生，让学生自己管理自己，使学生在自主管理中学会理解、学会交往、学会合作、学会独立，从而促进学生主动和谐发展。

十二、在家庭教育中渗透心理健康教育

教育是一个系统工程，学校、家庭、社会应形成合力。教师可通过家访的形式分析家长在学生发展过程中所承担的责任，介绍与学生沟通的技巧以及家长心理健康知识等，从而为学生的健康成长创造良好的家庭环境。心理健康教育离不开家庭教育，家庭教育是学校心理健康教育的重要途径。因此，可围绕家庭教育开展如下工作：

1. 建立家长委员会

以班主任为核心，组建班级家长委员会领导机构，邀请家长参加班级管理，帮助班主任处理班级中的重点、难点问题，及时召开家长会，反映学生情况，交流教子经验，提出合理化建议。

2. 举办家长辅导讲座，定期发放家庭教育资料

通过召开家长会，邀请教育专家到校开展“如何当好家长”的专题讲座。收集与家庭教育有关的资料，编写家庭教育、安全教育、心理健康教育、学法指导等家庭教育教材，为家长提供教育孩子的理论依据和行动指南，帮助学生解答生活中常见的心理问题，如早恋、网迷、自卑、交往障碍等。

3. 开展“家长进课堂”活动

可每学期举行一次“家长进课堂”的活动，让家长参与学校的管理和教育教学工作。家长与学生一起听课，体验孩子的学习感受，填写“家长信息反馈卡”，对老师的教学提出建议，从而促进教师教育教学水平的提高。

4. 进行家访调查

教师通过家访调查，可以了解许多在学校难以了解到的学生信息，对教师深入了解学生、理解学生、采取行之有效的教育手段是极为有效的。教师在家访时，要考虑到学生家庭的城乡差异、性别差异，要根据学生的学习、生活状况，有针对性地进行访谈，让家长乐意接受教师的建议，在老师、学生、家长之间建立友善、互信、和谐的关系。

教育的目的是促进全体学生身心健康全面发展，不仅是使少数学生克服自身的缺点，还要使全体学生享受到教育所带来的愉悦和幸福。每一个教育从业者的核心任务和终极目标都是“培养积极心理品质，奠基幸福人生”，用积极的内容和方式激发学生内在的积极品质，让他们乐于学习、乐于生活、乐于交往、乐于分享快乐、乐于创造幸福，成为快乐生活、高效学习的主人。

要积极开发学生的潜能，塑造充满希望、乐观向上的美好心灵，丰富和发展生命的最佳状态。要培养学生良好的社会适应能力、营造和谐融洽的人际关系、提高积极健康的人生理想追求、完善健全的人格和幸福的精神生活等。因此，关注农村积极心理健康教育是对农村地区高中生心理潜能、心理素养的培养，也使他们能够以乐观向上的心态面对高中学习生活，以更好的精神面貌拥抱精彩的明天。

第二节　农村家庭父母的心理健康教育

农村的发展日新月异，取得了可喜的变化，但还是有许多农村地区在一定程度上存在居住空间较小、生活条件不完善、经济文化发展水平比较落后的现象。农村家长的文化水平普遍较低，对孩子的正确引导相对较少。还有许多农村的青壮年外出打工时更倾向于把孩子留在家乡以减轻自己的负担，这严重影响着农村家庭的和谐美满，催生了许多特殊的留守家庭、单亲家庭、重组家庭等。

据笔者观察，在农村长大的孩子往往心思敏感脆弱，容易出现心理健康问题，因此，农村家庭的家长更要注重孩子的心理健康教育。

夏洛特·梅森曾说过："一个人的性情、才智和天赋在很大程度上往往是天生的，但人格却需要努力去培养。每个人——无论大人还是小孩儿，都要通过努力而获得成就。一个家庭或个人的发展轨迹其实就是人格发展的轨迹。"一个人的成长受家庭影响很大，他的性格和世界观往往是在家里逐渐形成的，而且自己受到的家庭影响往往会传给下一代。同时，家长也是为社会培养孩子，孩子是社会的财富，教育孩子也就自然成为一种社会义务。家长不仅要把抚养孩子看作是社会责任，更要看作是自己的神圣职责。家长对孩子的教育至关重要、不容忽视。健康的家庭有利于社会秩序的稳定和国家的安定团结。那么农村家长该如何对子女进行正确的教育和引导呢？

一、亲情教育，从爱开始

爱是一切沟通的前提，也是说服与教育的前提。父母对孩子都有一种天生的原始之爱，但这种天然的爱有时候也会对孩子造成伤害。爱，需要理智，也需要讲究技巧。

农村家长要懂得，人的心理问题往往是自幼年时期开始形成的，自孩子呱呱坠地时起，他便是一个独立的个体了，作为家长要懂得尊重孩子。相对于学习来说，孩子自己所拥有的快乐才是最重要的。孩子的情绪对他获得快乐有着更重要的影响。而拥有身心愉快的童年是孩子长大后拥有健康心理的一个非常重要的条件。为此，作为父母，可以试着采取以下方式培养孩子的快乐性格：

第一，让孩子享受不受限制的快乐。很多父母总是在孩子欢呼雀跃的时候严厉地大喝一声，让孩子总是无法尽兴。虽然这也有可能是家长教育的一种方式，可是由此带来的将是孩子热情与活力的丧失以及心情的压抑。因为孩子尽情去玩耍，拥有自己独立的空间，按照自己的意愿与节奏探索世界的活动，这一切更能给他们带来真正的快乐。

第二，让孩子笑出声来。让孩子笑出声来，这对他们的身心健康发展十分有益。有一些父母喜欢在孩子面前保持严肃的形象，他们以为只有如此才有尊严，其实却不是那么回事。让你的家中充满笑声，经常给孩子一个拥抱，所有的这些都是父母对孩子关于爱的最好的表达方式。

第三，不要对孩子苛求完美。孩子毕竟是孩子，各方面的能力都十分有限，总是会有这样或者那样的不足，父母千万不要过于追求完美。如果父母总是对孩子表示不满与批评指责，很可能会伤害孩子的自尊心，从而使他失去自信。

农村父母一定要懂得，只有让孩子拥有一个快乐的童年，才会让孩子在未来拥有一个快乐的人生。

二、言传身教，潜移默化

高尔基先生曾经说过："爱孩子，这是母鸡都会做的事儿。"可是，怎么爱孩子，怎样教育孩子，却是摆在家长面前的一道难题。很多家长不明白为什么自己明明很关心孩子的成长，孩子目前的状况却还是不尽如人意，是现在的孩子太难管，还是自己教育方式出了问题？这让家长感到非常疑惑。

俗话说，育人先育德，育儿先育己。很多人都知道狼孩的故事，该故事讲述了一个小孩被狼叼走了，在狼群中生长，长大后又回归到人类社会的经历。但由于小孩已经习惯了在狼群构筑的社会里生活，他所学习到的语言技能、行为模式都已经被固定了下来，以至于小孩在人类现实社会里很难生存，最后还是只能回到狼群中生活。这个故事告诉我们，教育对于孩子一生的影响是非常大的。美国教育代表孟禄也曾提出，教育起源于儿童对成人的无意识模仿。所以，如果家长能认清这一点并加以利用，对孩子健康成长将会有重要的影响。

有家长感叹，自己的孩子不爱与人沟通，面临新的问题总是不自信。出现这样的问题，不妨自我反思一下，自己是不是经常会对孩子说这不对，那不行，怎么这么笨……诸如此类的话？如果是这样，在孩子心里无形之中会形成一种声音，我比别人差。所以，当遇到新的人和事就会变得怯场、害怕与人沟通。当孩子遇到问题时，我们要做的不是以我是过来人的身份去替孩子做抉择，而是以爸妈是你坚强的后盾去引导孩子，在尊重的前提下去纠正问题。当孩子觉得自己不行要放弃的时候，告诉孩子，你一定可以的，爸妈相信你!

父母的一言一行，无不潜移默化地影响着孩子的成长。因此，父母日常生活中的言传身教，是家庭教育的重要教育方式。那么，农村父母对孩子如何言传身教呢?

第一，对孩子提出的要求，自己要先做到。父母是孩子最直接的模仿对象，要求孩子做到的，自己首先就应做到，要言行一致，处处严格要求自己，这样才有威信，才能掌握教育的主动权，教育效果才能达到预期目标。否则，越是对孩子提出要求，孩子越会反感和叛逆，他们会想：你们都这样，凭什么强迫我要那样?

第二，父母要有进取心，不断加强自身修养。父母教育孩子更多的是用自己的人格力量去影响孩子。在社会飞速发展的今天，孩子面临着激烈的竞争，每一步都意味着胜出或淘汰。其实，父母也一样，身处竞争激烈的环境中，如果没有进取心，就会处于发展停滞的状态，甚至直接被淘汰，这给父母施加了极大的压力。但是，有智慧的父母会变压力为动力，保持不断进取的心态，争取在工作岗位上取得突出成绩。父母通过自己的努力不断取得成绩，是对孩子最好的精神激励和最佳的行为示范。孩子会受父母的熏陶，保持积极进取的精神状态，这是孩子成长的最大动力。

第三，管理好自己的情绪。都说冲动是魔鬼，我们在情绪中时，往往不顾他人的感受，以发泄为快。如果事事都是以自己舒服为先，或者为自己的情绪爆发找借口，那么孩子自然也不会管理自己的情绪。所以每当情绪来临时，父母首先要想想爆发后的后果，然后再找到最适合当下的解决办法。

第四，和孩子一起寻求解决问题的方法。孩子在生活、学习中会遇到各种各样的事，有他能解决的，也有他想不出办法的。这时我们要和孩子一起寻求解决问题的方法，比如和他一起讨论、分析，最终确定一个解决方案。当孩子长大些时，家长们遇到的一些事也可以跟孩子一起讨论，看看他们有什么想法，如何解决，这也是培养孩子解决问题的能力。

第五，父母之间要和睦，教育理念要基本一致。首先要处理好夫妻关系，尤其是不要当着孩子的面吵架。父母暴躁、易冲动的脾气千万要控制好。一旦夫妻之间有任何的分歧，都应当冷静下来，好好商量，而不是动不动就爆发冲突，掐起架来，这对孩子的影响是非常不好的。大人的问题要学会用理性的方法来解决。

如果与爷爷奶奶住在一起，夫妻双方还要处理好与公公婆婆（岳父岳母）之间的关系，这样才能创建良好的家庭氛围，让孩子生活在温馨稳定的家庭环境中，心情舒畅，有利于学习。在良好的家庭氛围中，孩子能体会到父母及其他家庭成员之间互相尊重、互相支持、互相理解的情感。这不仅有利于孩子养成爱护、尊重他人和乐于助人的良好行为，还有利于培养孩子建立良好人际关系的能力。此外，父母还应保持一致的教育理念，避免双方教育方式方法的激烈冲突。如果父母双方的教育理念、教育态度差别太大，就会让孩子无所适从，很容易养成当面一套、背后一套的两面作风，极不利于孩子良好品行的培养和形成。

第六，不随意打骂孩子。孩子都是父母的心头宝，要学会爱护他们，即便他们不听话时，作为父母也不要打骂他们，现在的教育已经不提倡“棍棒出孝子”了。应该学会跟孩子讲道理、摆事实，让孩子明白这件事这样做的后果，为什么不能这做，要他们尽快改正过来。如果只懂得一味打骂孩子，孩子在不理解父母的情况下是很容易产生怨恨心理的，甚至出现心理问题。

三、用“目标教育”代替“理想教育”

对于很多农村父母来说，孩子的学习是重中之重，毕竟“知识可以改变命运”，父母都希望孩子上最好的学校，考最好的大学。作为父母，望子成龙、望女成凤是人之常情，但过于严苛的教育也会使孩子产生心理问题。

面对这一普遍现象怎么办？首要之事就是改变中国家庭教育中一个最大的误区——父母没有做到的事情，都希望孩子能够继续完成。这其实是一种自私，作为父母应该懂得，孩子是新生的，他有他的前途和发展。父母的教育，应该适应孩子的自我发展。

国内大多数家庭崇尚的是理想教育，而西方的很多家庭追求的是目标教育，两者之间的区别是很大的。理想教育在很大程度上代表了家长的意愿，目标教育在很大程度上则是孩子个人意愿的表现。理想教育在很大程度上带有强制性，很少尊重孩子的个人意愿，而大多数目标教育却以尊重孩子的个人意愿为出发点，大人只起到引导和帮助的作用。理想教育往往是既定的，不可更改；目标教育则是个性计划，随着孩子的成长、个人特长和潜能的逐步发挥，以及对社会的认识加深和个人爱好兴趣的改变，个人目标是随时都可以修改的。理想教育往往不尊重孩子的客观现实，理想定得过高，不切实际；而目标教育比较尊重孩子的个体差异，目标不一定是一流的、顶尖的、最高级的，可以是伟人，也可以是凡人。理想教育的思想基础过于信服“成事在人，谋事在天”，过分强调机遇的不平等，自己的孩子与别人家孩子的起跑线是不一样的；而目标教育强调机遇基本上是平等的，孩子几乎都是在一个起跑线上，其结果在于个人的选择。

诺贝尔化学奖得主李远哲一直都在深入研究世界教育问题。他说：“在美国，我遇到的理发师拥有大学学位，开的士的司机可能毕业于哥伦比亚大学，读哲学博士的也可以到幼儿园做老师。难道所有的博士生都要争当大学校长吗?”李远哲先生还讲到，在30年前，他曾经访问过中国的某所大学，在出席一个会议的时候，一个化学系的优秀学生对他说，她毕业后想当钢琴家，毕业文凭是准备送给父母的。李远哲对此感慨地说道：“我们办教育要做的就是实现孩子自己的梦想，而不是父母的理想。”

理想教育与目标教育的不同在于，理想教育的理想是父母的，而目标教育的目标则是孩子自己的。过分追求理想教育会催生孩子各种各样的心理问题，只有让孩子自己去设定目标，然后再朝着这个目标努力，孩子才能在追求目标的过程中获得更多的快乐。

四、注重家庭德育，正确引导孩子

家庭德育主要包括思想政治教育、社会伦理和法制教育，以及人格品行教育等方面的内容。高中生阶段作为未成年人向成年人的最后过渡阶段，家长尤其要注重对其实施家庭德育。做好家庭德育，是避免孩子在成长过程中产生心理问题甚至误入歧途的重要法宝。

1．思想政治教育

家长作为孩子的第一任教师，应该引导和帮助孩子树立正确的思想政治意识，树立建设中国特色社会主义的共同理想和正确的世界观、人生观、价值观，引导孩子对社会主义制度以及对拥护中国共产党的领导方面的正确认知和理解。青少年对社会主义制度以及对拥护中国共产党的领导方面的正确认知和理解，是作为中国特色社会主义事业接班人的必要前提。

2．社会伦理和法制教育

社会伦理和法制教育主要包括社会伦理道德教育和法制教育两个方面：

（1）社会伦理道德教育。俗话说："没有规矩不成方圆"。社会伦理道德是一个社会经济、政治和文化生活的综合表现和反映。日常社会生活中的每一个人，都应自觉接受社会政治、法律、伦理的支配和约束。作为社会调控体系的重要手段，伦理道德和法律规定共同构成了人们行为规范的内容。社会伦理道德靠人们的内在心理以及社会舆论的力量来调节和约束人的行为规范。高中生的社会伦理道德教育应该包括家庭伦理道德教育、学校伦理道德教育和社会公共道德教育。家庭伦理道德教育应该让孩子懂得家庭成员之间要尊老爱幼、人人平等和互助互爱，应该相互尊重彼此的独立人格和基本权利。

（2）法制教育。法制教育要从娃娃抓起，小学、中学都要进行这方面教育，家长应该让高中生及早地了解和学习有关的法律法规，要不断地教育孩子懂得法律常识，让孩子知道哪些事情是可以做的、哪些是不能做的、哪种行为是合法的、哪种行为是违法的，让孩子明确划清守法与违法的界线，自觉遵守国家的各项法律法规。

3．人格品行教育

人格品行教育旨在塑造孩子健康成熟的品行和人格，使其更好地融入社会大家庭。总体上讲，人格品行教育主要包括诚信教育、勤劳节俭教育、礼仪教育、感恩教育、责任教育等方面的内容。

（1）诚信教育。教育的根本目的是促进人的发展，如果一个人拥有渊博的知识但却缺乏最基本的做人的品质，那他获得的整个教育也是失败的。诚信是最基本的品质之一。人无信不立，业无信不兴，国无信则衰。诚信是人类共同追求的美德，诚信对于日常生活中的每个人来说，都是十分重要和必要的。父母应该教会孩子言必信、行必果的品质。多一份诚信，就会多一份美好；多一份诚信，就会多一份和谐；多一份诚信，就会一份阳光。

（2）勤劳节俭教育。每年的 10 月 31 日，是联合国确定的“世界勤俭日”，它提醒世人增强勤劳节俭的意识，在全世界倡导勤俭风尚。勤劳节俭是中华民族的传统美德，父母应该培养孩子勤劳节俭的好品质，教导孩子做一个勤劳节俭的人。在孩子的日常生活中，家长要让孩子学会辛勤劳动、不懒惰；让孩子学会储蓄，花钱得当，不买不必要的东西；让孩子学会爱惜物品，修旧利废，使孩子懂得“成由勤俭败由奢”的道理。高中生阶段的孩子重在理性教育，父母应该让孩子充分认识勤劳节俭的好处，使孩子懂得勤劳对自身成长的作用，以提高其自觉锻炼的主动性；使孩子懂得节俭对自身成长的锻炼，以提高其学会节俭的自觉性。

（3）礼仪教育。讲究礼仪，是中华民族的传统美德。礼仪是一面镜子，是人际交往的前提条件，家长对孩子的礼仪教育有利于孩子与他人建立良好的人际关系，促进高中生的身心健康。同时，礼仪有助于树立良好的第一印象，高中生学习社交礼仪的基本知识和规范，有利于帮助他们建立和谐融洽的人际关系。英国著名哲学家、教育思想家洛克说过：“一个绅士的第二种美德是良好的礼仪”。礼仪教育是一个人在社会化过程中需要学习的必不可少的重要内容。礼仪能够反映出一个人的文明程度，关系到自己个人形象的同时，也影响着家庭、学校、社会的精神风貌和精神文明。家长对高中生的礼仪教育可以提高孩子的礼仪修养，使孩子养成良好的礼仪习惯。

（4）感恩教育。感恩教育既是一种情感教育，也是一种基本的道德教育。感恩教育，是增强孩子的感恩意识，激发孩子报恩情感的一种教育形式。父母应该加强对当代高中生的感恩教育，让孩子学会感恩父母兄弟、感恩老师朋友抑或是陌生人的帮助和付出。加强当代未成年人的感恩教育，能够让他们的心灵更加纯洁，提高他们的精神追求，加强他们与别人之间的理解和感情，为他们创设和谐的心境。感恩之心可以融化成一种特殊的爱的力量，使一个家庭乃至社会更加地和谐稳定。一个不懂得感恩自己父母的人，不会懂得去感恩他人；一个不懂得感恩自己父母的人，也不会懂得去爱他的祖国。父母应该加强当代高中生感恩社会、感恩祖国的教育，使他们对生活寄予希望，回报社会，报效祖国。

（5）责任教育。家庭道德教育中的责任教育，对孩子的成长具有基础性作用。家庭道德教育中的责任教育，是加强高中生思想道德建设最基本的内容。社会的发展影响着高中生家庭道德责任的形成，不恰当的家庭德育方式会导致孩子在道德责任的形成过程中受到不良影响，因此，家长加强对孩子的责任教育非常必要。父母对高中生的责任教育，就是要教育孩子拥有责任感和责任心。拥有责任感的孩子才能把需要自己完成的事情认真地做好；拥有责任心的孩子会去关心别人、关心整个社会。在日常的学习和生活中，只要孩子具备承担责任的能力，家长就应当教育和要求孩子对自己的言行负责。只有这样，才能培养孩子的责任感，促使孩子拥有责任心。

第三节　网络环境下学生的德育和心理健康教育

当前，网络的发展速度越来越快，在家庭中的应用也越来越普遍。对农村地区高中学生来说，网络给他们带来了更加广阔的知识空间。但是，开阔学生视野的同时，也对其心理产生了不利的影响。这就需要在教育过程中正确地认识网络，正确认识网络对农村地区高中学生心理健康的负面影响。

一、多部门联手开展多种形式的活动

1. 学校组织学生开展在国旗下的讲话活动

开展的活动主题包括“守护青春，远离网吧”“文明上网，健康上网”

"励志，博学，做栋梁之材""青春与使命""与纪律同行""塑文明形象，建和谐校园""崇尚俭朴"等，内容包括网络影响、人生价值、奋斗志向、心理健康、交往礼仪、行为规范、情感教育等。活动要富有感召力，影响面要大，能直接或间接推动网络影响教育活动，以帮助学生培养道德情操，提升内在素养。

2. 通过整合和开发利用信息技术资源，发挥网络的强大功能

计算机教师可以利用网络教室以及自己的专业技能，促使一部分上网成瘾的学生掌握电脑技术，成为制作能手；利用学校兴趣小组，把喜欢上网的学生统一起来，利用在校的课外活动时间，把学生集中到网络教室上课培训，给学生开设 Word、Excel、PPT 版面的设计与表格编排、课件制作、网页制作等课程。通过培训，使绝大部分学生会使用电脑操作系统，对软、硬件资源进行管理，选择应用软件完成特定任务。同时，每次活动结束后，可挑选出比较优秀的作品展示给小组同学欣赏，这样做既增强了学生的自信心和自豪感，也激发了学习的热情。

3. 有效利用"心理咨询活动室"，开展对学生的心理健康教育

对上网成瘾的学生要分阶段进行心理咨询和辅导。网络聊天与交友易使学生受骗上当，而且容易形成情感上的过分依赖。学校心理咨询中心可专门开设"心理咨询信箱"，运用 E－mail 与学生交谈，当学生有心里话或一些敏感的话题，心里存在困惑又不便当众讨论时，可以用电子邮件直接与老师进行交流，这样既解决了困惑，帮助学生树立正确的人生观、价值观，又不会让学生"丢面子"。使学生能正确对待网络聊天，谨慎交友。

二、网络政策法规宣传

学校通过制作橱窗、黑板报，设立网站专栏，印发宣传资料等方式，对网络政策法规、网络文明公约等进行宣传，特别要大力宣传《全国青少年网络文明公约》，给学生提供一个良好的上网环境。

开展主题班会，树立学生对网络的正确认识，加强学生的德育教育。如在农村地区高中开展关于“文明上网，健康成长”的主题班会，组织学生讨论上网的体会、网络对自身的意义以及如何文明上网等，通过班会上的交流和讨论，使学生认清网络的利与弊，认识到要节制上网，要有目的、有选择地浏览信息，自觉抵制不良信息，吸收对学习有益的信息，同时要增强网络安全意识和法律意识。

三、有效利用“家长学校”，加强家长与小孩的情感沟通

家长在小孩的教育中所起的作用是不可估量的，对他们的行为习惯养成起主要作用。对于那些上网成瘾的小孩来说，家长可以在参加“家长学校”的学员活动时，学习了解关于心理教育方面的知识；学会放下架子，与小孩平等对话，建立平等信任的朋友关系，对小孩不要求全责备，因为要求过严会打击孩子的自信心，继而产生逃避心理，从而到网络寻求发泄；家长要以身作则，有节制地使用电脑，允许小孩在规定的时间里上网查询资料、了解社会新闻等。加强与小孩的情感沟通，家长在家庭教育中就可以帮助他们改变一些不良的上网习惯，有效减少对网络的依赖。

网络已经渗透到社会的方方面面，学校的德育和心理健康教育工作面临严峻的形势，农村地区高中生德育和心理健康教育工作的实施，需要探索网络环境下德育与心理健康教育新型“生态模式”，即“教师—学生—家长—社会”四位一体的教育模式，以此构建学生、家长和教师平等的对话平台，通过人文关怀营造德育和心理健康教育的和谐氛围。

第八章　农村地区高中生家长与孩子的相处技巧

第一节　接纳孩子，做好孩子青春期的引路人

在多年从教生涯中，笔者经常与高中学生家长交流青春期孩子的相处问题，家长们普遍认为孩子长大之后，变得较难沟通。其实，对于每一位父母而言，看着自己的孩子一天天长大，内心一定是感到骄傲与自豪的。然而在孩子个头儿越来越高的同时，他们那越来越难以捉摸的心理却让父母感到不知所措。而高中阶段是青春期的一个关键时期，这个阶段的孩子生理上趋于成熟，心理上往往还比较幼稚，如果这个时期的孩子不能和家长建立良好的关系，就非常容易产生心理问题。因此，做好青春期孩子的家庭教育是避免其日后产生心理问题的最佳方法。

高中阶段的学生，其世界观、人生观、价值观逐步形成，自我意识越来越强，他们渴望脱离对父母的依赖，但同时，处在青春期的他们，又面临成长中的烦恼，需要有个倾诉的对象，可孩子似乎已经对父母锁上了心门。作为父母，如果不了解青春期孩子的生理及心理特点，不了解他们的成长困惑，仍然按照青春期之前的方法来教育孩子，在日常生活中对他们严加管教，时时刻刻看管、监视和提防他们，帮他们规划未来……这样做不但使得父母们耗尽了时间和精力，还不能收到预期的效果，反而会觉得孩子越来越不听话，最终陷入一种“孩子冲动叛逆，父母气急败坏”的教育困境。

值得重视的是，农村地区高中生家长普遍文化水平不高，面对青春期孩子的教育问题更是一筹莫展。而现代的青少年生活在一个开放性的社会中，社会信息的多样化，开拓了青少年的视野，也为每个家庭的教育提出了更高的要求。同时，社会的开放增加了社会包容性，各种价值观念并存，对于心理发育还不成熟的青少年来说，他们还不具备对各种观念做出正确区分和准确判断的能力，一不小心，就容易走上错误的人生道路。

父母作为孩子成长的引路人，就需要给予他们必要的指引和教导。对此，父母应当跟上社会的发展，跟上孩子成长的脚步，及时更新自己的教育观念和教育方法，接纳孩子，做好孩子青春期的引路人，为孩子的顺利成长提供一份有力的保障。

青春期是孩子的第二次诞生，关于青春期的心理变化，心理学家做过许多方面的研究。心理学家认为，青春期到来之后的生理、心理变化与幼儿的断乳现象比较相似。幼儿断乳意味着与母亲的身体完全脱离了联系，急剧而彻底地断绝母乳喂养，会使儿童陷入一种需求得不到满足的状态，从而给儿童的心理带来了深刻的不安，这是人生的“第一次危机”。孩子进入青春期后，则意味着要从心理上摆脱对双亲的依赖。这种急剧而彻底的心理性“断乳”，也同样会给他们带来突如其来的不安和不适应，从而产生情绪上的波动，这是人生的“第二次危机”。经过“第二次危机”之后，孩子逐渐脱离父母的“避风港湾”，走向独立。

心理学家斯朗认为，当个体进入青春期以后，其心理变化为“自我发现——产生对未来生活的设想——逐步跨入生活的各个领域”。正是这种变化，使得这一时期孩子的心理和10岁之前孩子的心理截然不同，可以说是他们心理上的一次蜕变、一次新生。斯朗把青春期称为“人生的第二次诞生”。

心理学家汤姆利兹认为，儿童期是“外界的获得时代”，而青春期则是“内部的获得时代”。由于性本能的出现，使青春期的孩子逐渐将注意力转向自己的内部。青春初期，他们常常会因自己不能掌握这种变化而烦恼，昔日儿童时期平静的心田被搅乱了，从而陷入了以反抗、冷淡、蛮横、怠慢、多变等表现为特征的否定与不安情绪之中。不仅对外界，就是对他们自己也都采取了“否定”的态度。汤姆利兹把青春期称为“否定期”或“反抗期”。

总之，青春期既是生长发育的高峰期，也是心理发展的重大转折期；既是身心各方面发生很大变化的时期，也是精力充沛、兴趣广泛、对人生充满美好幻想的时期。在生理上，身体迅速发育成熟；在心理上，精神逐渐觉醒。这种身心的“时差”，带来了急剧而复杂、广泛而深刻的心理矛盾和心理动荡。因此，青春期是人生最关键的转折时期。其主要表现如下：

1. 独立性和依赖性的矛盾

青春期的孩子一改儿童时期的依赖和胆怯，凡事喜欢自作主张，愿意独立处理事情，希望别人把他当成大人看待，成人感、自尊心和独立意识明显增强。对一些事物有是非曲直的判断，不愿意听从父母的意见，并且有着强烈表达自己意见的愿望；对一些传统的、权威的结论持有异议，往往会提出过激的批评之词。但由于其社会经验、生活经验的不足，经常碰壁，又不得不从父母那儿寻找方法、途径或帮助，再加上经济不能独立，父母的权威作用又强迫他去依赖父母。

2. 开放性和封闭性的矛盾

由于自我意识的发展，绝大多数青春期的孩子都特别希望同朋友、父母平等交往，并且非常渴求他人对自己敞开心扉、推心置腹，但是，现实情况并不如他们所愿。朋友之间由于性格、想法的不同，孩子可能得不到他们想要的回应；亲子关系之间，能够对孩子敞开心扉的家长也不多。所以，面对这种情况，孩子们只好选择另一种方式来“诉苦”，比如写日记、画画、自言自语等。同时，那些所说所写，他们又不愿意让别人知道，从而形成了既想让人了解自己，又害怕他人了解自己的矛盾心理。

3. 自制性和冲动性的矛盾

青春期的孩子在心理独立性、成人感出现的同时，自觉性和自制性也得到了加强，在与他人的交往中，他们主观上希望自己能随时自觉地遵守规则、履行义务，但客观上又难以控制自己的情感，经常带着浓厚的情感色彩去看待周围的人和事。比如有时片面地坚持己见，对老师、家长的要求合乎己意的就去办，不合乎己意的就盲目地拒绝或顶撞；不能控制自己，凭冲动行事，事过之后又非常后悔等。这说明他们的意志品质发展还不成熟、自制力还不强，形成了自制性与冲动性的矛盾。

4. 性的萌发和压抑的矛盾

由于性的发育和成熟，青春期的孩子出现了与异性交往的渴求，喜欢接近异性，想了解性知识，喜欢在异性面前表现，甚至出现朦胧的爱情念头等。但由于父母、学校，甚至社会舆论的限制和约束，使得青春期的孩子在情感和性的认识上，出现了既渴望又压抑的矛盾心理。

总之，青春期就是在种种相互矛盾的心理状态下挣扎的一段时期，期间，难免会出现多种多样的心理问题。他们需要很长的一段时间，通过反复的尝试、碰撞和审视自己，才能慢慢地走向成熟。在这段时间里，他们更需要老师、家长的耐心和开放的胸怀。家长和老师静观他们的表现，适当地给予他们肯定和赞扬，对于铸就他们自信和自尊的品格以及帮助他们顺利成长是非常重要的。

曾有个学生来到心理咨询中心向笔者倾诉说：“老师，我现在都上高一了，对学习有自己的安排，可是我的妈妈就是不放心，每天一看到我有闲暇时间，就开始替我安排。”她讲起最近发生的一件让她耿耿于怀的事情：

因为离期中考试只有半个月的时间了，只要我在家，父母就轮番地向我敲“警钟”。

母亲说：“你别嫌烦，我们说你都是为了你好，你马上面临高考，要是不好好学习，那离好大学就远了，上不了好大学就没有好工作，咱们家可没有条件帮你找工作，所以，你不能放松。”

父亲说：“俗话说，临阵磨枪，不快也光，这几天你就什么也别干了，好好在家复习吧！”

我如果对他们说“我有自己的计划，不用你们操心”，他们肯定会说我顶嘴，然后就会引来他们的指责与奚落。

在父母的监视下，我不能和同学出去玩，也不能和同学聊天，只能每天在家里学习。我心里叹息着：他们哪里知道，我虽然人坐在家里，可是心却静不下来，一个字也看不进去啊。

就这样，我和父母心理的距离越来越远，父母说我时，我就是一个耳朵听，一个耳朵出。有时为了躲避他们，我经常以“学习”为借口躲进自己的房间。

我愤愤不平，就是不明白，我有自己的生活，也有自己的想法，可他们为什么还把我当小孩看待，什么事情都要指指点点，非得强迫我听他们的。

从上面的例子中可以看出，当孩子逐渐趋于成熟，随着“成人感”“独立感”的日益增强，他们的自我意识也在不断成熟。

那么，何为青春期的自我意识发展？这就需要先来了解儿童和成人的思想意识：儿童期的心理意识是依赖型的，凡事都要父母为自己安排、打理；而成年人则是独立型的，一切事情的计划准备及实行都是以独立自主的意识为主。青春期就是由童年的依赖意识向成人的独立意识转变的过渡期，是自我意识发展的一个阶段。此时的孩子既有依赖父母的习惯，又有独立意识的萌发，两者相加有时就会产生心理冲突，当不能平衡这种冲突时，内心就会彷徨，所以我们也把这一阶段称之为“心理断乳期”。

许多心理学家认为，青春期是自我意识发展的第二次飞跃期。在个体进入青春期以前，在1~3岁时，会出现一次自我意识发展的飞跃期，这一时期是以儿童可以用代词“我”来标志自己为重要特点的。在接下来的若干年时间里，儿童的自我意识虽然仍在继续发展着，但发展的速度是相对平缓和稳定的。

进入青春期后，由于身体的迅速发育，孩子们很快出现了成人的体貌特征。也正是因为这种生理上的变化发生得过于突然，才使得他们在持有一种恍惚感觉的同时，自觉或不自觉地将自己的思想从一直嬉戏于其中的客观世界中抽回了很大一部分，重新指向主观世界，使思想意识再一次进入自我，从而导致了自我意识的第二次飞跃。第二次飞跃突出表现为：他们开始注视自我、关心自我、发现自我、突出自我、独立自我。具体表现在：企图摆脱父母和教师的管束，自行其是；不再承认自己是孩子，要求长者平等相待；希望父母和教师充分理解和尊重他们的人格。

例如，当孩子还是小学生的时候，日记中所记录的主要是当天发生的事情及自己对此比较肤浅的认识；记日记的态度也不自觉，经常是在老师和家长的强迫之下去完成；对于日记的保密程度也无过高要求，甚至有时主动提供给别人看。相比之下，中学生的日记已经发生了显著的变化：首先，在日记内容上发生了很大变化，初中生的日记更侧重于阐述自己的体会和感受，这些体会和感受直接来自于自我观察、自我反省、自我批评，以及自我期望等；其次，中学生记日记的态度也是自觉自愿的，真正出自于表达思想及宣泄情绪的内心需要；最后，他们开始将日记作为自己的绝对秘密，细心加以保管，不许别人翻看。因此，单从孩子记日记这件事情的发展变化来看，孩子们的内心世界逐渐丰富，经常沉浸在关于“我”的思考和感受中。其实，也正是这一点导致了孩子们个性上的主观偏执性。他们总认为自己是正确的，听不进别人的意见；同时，他们又感到别人似乎总是用刻薄挑剔的眼光和态度对待他们，比如，某位老师多看了他一眼，他就会认为是自己做错了什么。这种想法容易使他们感到压抑、孤独而且神经过敏，一定要加以克服和避免才行。

总之，从少年到青年初期，是自我意识发展趋于成熟的时期。随着孩子们身体的发育、性机能的成熟和知识经验的增长，他们开始自觉地认识和评价自己的个性品质、内心体验或内部世界，从而能够独立地支配和调节自己的活动和行为，这是中学生自我意识发展的新阶段和新特点。但是，家长也应该认识到，孩子自我意识的发展在高中阶段才算接近成熟，但仍不完善，还有待于进一步发展，而且与高级的自我意识的发展相比，还很不平衡。

作为家长，要正确认识青少年在这一时期的心理特征，认识到孩子在诸如饮食、衣着、外出活动等方面表现出来的“逆反”行为，这是他们自我意识发展的表现，他们认为自己已经是成人了，在行为上也努力地效仿成人，而并非是存心与父母等长辈对抗。

青春期孩子的另外一个心理特点就是渴望获得别人的尊重，随着年龄的增长，他们的自尊心也会加强。自尊心就是尊重自己、维护自己的人格尊严，不容许别人侮辱和歧视自己的心理状态。

对于青春期的孩子来说，他们感觉自己已经长大成人了，更是渴望得到别人，特别是父母、老师和同学的尊重。比如有的孩子由于受自尊心的驱使，对自我形象很关注，既在意自己的仪表，又在意同学们的评价，经常向别人打听同学们对自己的看法；有的孩子最怕老师让自己回答问题，担心答不上来丢面子，抬不起头；有的孩子受班级的委托办一件事情，没有办好，就用各种借口来掩饰自己的弱点和缺点，说自己没有办成是客观造成的，等等，这些都是自尊心的表现。

可是，很多家长并没有意识到这点，他们的教育方法依然和青春期之前一样，总是觉得孩子们长不大，事事都为他们安排妥当才安心，以为这样孩子就可以少很多磨难，然而，孩子并非如他们期望的那样成长。

笔者曾经看到过这样一个案例：一个高三男孩，父亲是民营企业老总，经济条件好。孩子很聪明，小学数学经常考班级第一名。到了初中，父亲为了让孩子能够享受最好的教育资源，反复为儿子转学，初三那年就换了三所学校。所有的决定都是父亲一个人说了算，儿子的反对父亲根本就不当回事。儿子高考总分只有 170 分，性格越来越内向，不与任何人讲话，家长这时才真正着急来找心理老师咨询。

在心理老师与孩子的谈话中，男孩写下这样一段话：小时候，我是一个很快乐的孩子，虽然那时候家里并不富裕，但是我却得到了所有人的爱，很幸福，天真又可爱。不知道从什么时候开始，我慢慢变了，变得沉默寡言，变得对现实失望，对家失望，变得不那么容易信任别人，我开始孤独、无奈，寂寞无时无刻不伴随着我，我害怕接触别人，因为我怕成为朋友之后又突然失去，有好几次都是这样，因为听父母的话不停地转学，虽然他们是为了我好，但是这彻底改变了我的性格。这几年来我的生活一直都那么压抑，有时候会情绪失控，但我没办法，我控制不住我自己，我的内心已经饱和了，已经承受不起了。我想改变，可是我改变不了，一个人的夜里，我只想哭……

案例中的父亲在做关于孩子的学习与生活的决定时，没有同孩子商量，没有尊重孩子的心理需求，才造成孩子的内心很痛苦。因此，父母一定要注意尊重和维护孩子的自尊心，尊重孩子特殊的心理需求。尊重孩子，就意味着要接纳孩子提的各种意见，并且给孩子平等发言的机会，同时还要认真考虑孩子提的意见。

随着孩子的长大，父母要把孩子看作是独立的人，理解、尊重、认可孩子，平等地对待孩子，做好孩子的引导者，这不但有助于消除孩子的逆反心理，还能培养孩子独立自主的能力。

家长正确的引导可以有效地避免孩子出现心理问题，而错误的相处方式则会直接导致孩子出现不健康心理，甚至出现极端行为。

青春期的孩子本身由于内分泌激素的改变，会影响到心理的波动。这个年龄段的孩子对周围的事物都充满好奇，性格也比较固执。此外，在成长的过程中，接收的信息有的是好的，有的是不好的，如果接收到了不好的信息，就容易出现过激行为。比如当一个学习成绩非常好的孩子偶尔考试失利的时候，他很可能就会觉得所有的人都会因此而看不起他，从而做出极端行为。因此，家长一定要了解孩子的这种心理，同时还要特别注意以下两种青春期孩子极易出现的极端行为：

1. **自虐**

16岁的小菲是南京某重点高中的学生，在初升高时，家人费了九牛二虎之力，才把她弄进了这所学校。但是，在这所父母觉得理想的学校里，小菲却学得力不从心，一年下来，成绩勉勉强强，也没有太多的精力去参加学校的各种活动。当父母看到她的成绩却不淡定了。“我们花了这么多钱供你上学，你这学的什么啊?”当父母看到小菲第一次测验中不溜的成绩后，愤怒了，妈妈更是控制不住地把试卷往小菲脸上砸过去。接下来的事，让父母都傻了眼，小菲并没有为自己辩解，而是使足了力气打自己的头，当父母反应过来阻拦时，她已经重重地挨了几拳。

从此以后，父母不敢再说她什么，“就怕她伤了自己，我们打她一下，她估计会打自己十下，而且不知轻重，她真要把自己打出什么事，后悔的还是我们。”

后来小菲的父母想到了去心理研究中心找医生求助。心理医生与小菲沟通后得知，原本小学成绩还不错的小菲，一直是老师心中的好学生，经常被老师表扬，但是，上了高中后，这样的待遇就没有了。而且，小菲本来就不是靠自己的本事考上的，难免会出现自卑心理，原本开朗的她，上高中后却不愿跟同学多交流，怕别人看不起她。

心理医生解释道：“虽然她也想考个好成绩，让父母得到安慰，但却不遂人愿，而且父母还不理解她，这就导致了她通过极端行为来反抗。”

青春期的特定心理特点，让有些孩子在遭遇挫折或被别人冤枉时出现自虐这种极端行为，他们或是不吃饭，或是用板子打自己、用刀子自伤，严重者甚至结束生命。

当然，青春期出现自伤的孩子相对而言也只是一小部分，这类孩子有一个共同点，就是不与父母沟通，甚至是敌对的，也没有知心朋友。所以，在遇到问题时，往往容易钻牛角尖，从而通过自伤来获得心理上的快感。

因此，家长一旦发现孩子有自虐的倾向时，一定要加以重视。一方面要努力寻找并消除孩子生活中的压抑源，另一方面则要帮助孩子学会用适当的方式来表达自己。

2. 离家出走

朋友上高中的儿子迷上了网络，常逃课到网吧上网。朋友和她丈夫劝阻多次他都不改。还多次为此和儿子发生冲突。

有一天，孩子骗他们说到同学家写作业，却偷偷跑到网吧，上了一天的网，晚上9点多还没回家。她和丈夫急坏了，给儿子所有的同学都打了电话，都说没见到他。

他们只好发动亲戚、朋友去找儿子。到晚上11点多时，儿子回家了。一问，才知道又在网吧玩到现在，因为玩起来忘了时间，才误了回家。

她和丈夫训斥他时，他不但不听，反而还顶嘴，丈夫一气之下出手打了他。没想到儿子在当天夜里留下一封信后离家出走了。

第二天，她和丈夫找不到儿子，只好通过公安机关来找寻找，最后终于在一家网吧找到了他。她和丈夫不敢再训他，只得耐心地劝他回家。

儿子却说道："我已经厌倦了那个家，不想回去了。"

丈夫说："是我不对，不该动手打你，我保证以后不打你了。"

儿子说："不是打不打的事情，我就是不想回家。"

后来他们请来亲戚、朋友，轮流劝儿子，可是儿子就是一句话："不想回家"。

他们只好请来儿子的班主任，儿子这才回家。儿子对老师说："我不想回家，是因为我爸妈太不了解我，还把我当成小孩，骂我的话，要多难听有多难听。我迷上上网，就是不想听他们的骂声。"

处于这个时期的孩子，思想活跃，性格敏感，控制力差；易走极端却又不善于自我调节，敢作敢为又盲目冲动，一旦受挫就无法承受。这些心理特点都易使青春期的孩子情绪波动极大，他们既渴望被人理解又不愿意敞开心扉，种种烦恼无处倾诉，只好选择离家出走。

那么，父母要如何避免孩子产生离家出走的念头呢？在平时的生活中，一定要极力营造和谐的家庭氛围，经常与孩子谈心，从侧面多关心孩子，多观察孩子，让孩子远离不良诱惑，必要的时候，还可以悄悄给孩子介绍心理医生或者心理类书籍，帮助孩子调节内心，避免极端心态。

第二节　尊重孩子，孩子才能信服你

很多的农村地区高中生家长不重视和孩子的沟通方式，甚至还存在一些极端错误思想，认为孩子就是一个没有思想、没有尊严的人偶，常常用居高临下的语气和孩子说话。这样不正确的观念导致很多农村地区高中生在进入青春期后，缺少和父母的正面沟通，感觉没有人能够走进自己的内心世界，也会对父母怨恨和不服气，长此以往就会产生不同程度的心理疾病，甚至酿成严重的后果。

那么农村地区高中生家长该如何与孩子正确沟通呢？

一、倾听孩子心声，关注孩子心灵

15岁的高中生杨帆（化名）离家出走了，当父母找到他时，他已经进了少管所。杨帆一看到父母，脸上隐现着一丝丝的仇恨和不屑。他并没有做出什么大的举动，只是用一种冷漠的眼光看着父母，说了一句："你们走吧，我和你们没什么要说的！"

其实，杨帆以前也是个很优秀的孩子，父母对他寄予了很大的希望。但他们只是关心孩子的学习成绩，从来不关心他的内心世界。每天回到家里，父母的第一句话总是："废什么话，进屋看书去！"处于青春期的杨帆，很希望有一个人能够倾听他的心里话，但父母从来不和他聊天，甚至连让他说话的机会都不给，更别说了解他的想法了。

于是，处于青春期的杨帆感到了寂寞和压抑，他白天逃学，经常出入网吧等闲杂场所，晚上回到家就把自己锁进小屋里。

后来，杨帆的网瘾越来越大，学习成绩也已经滑到了不可挽救的地步，父母的漠不关心，老师的另眼相待，网络的深深吸引，在网络的"泥潭"中越陷越深。

几个月过去了，内心寂寞、压抑的杨帆，从优等生落入了"痞子生"的行列，再加上严重的网瘾，他觉得自己已经变得一无是处了，于是每天都沉迷于网络之中，觉得只有网络才能让他找回从前的自己。就这样，空虚的杨帆每天逃学泡网吧，碰到上网没钱，他就开始偷、抢，最终因为一次抢劫，他走进了少管所。

杨帆的父母悔恨莫及，痛恨自己没有听孩子说出他的心事。而孩子呢，对父母除了恨还是恨。

我们每个人都渴望在压抑或不开心的时候能有人听自己诉说，让自己的情绪、情感得到发泄或寄托。在一般情况下，人与人如果不能很好地沟通，多半因为对方不是合适的倾听对象。所以，作为父母，我们不能对孩子的诉说“亮红灯”，应该耐心、积极地配合，不急于打断孩子，给孩子诉说的机会，才有利于孩子身心的健康发展。

在孩子成长最开始的时候，他们最愿意倾诉的对象其实就是爸爸妈妈，上学有哪个同学犯错误被老师惩罚、在学校得到老师表扬、遇到什么好玩可笑的事，放学第一时间都会向父母讲述。他们会沉浸在自己认为值得重复讲述的事情中，希望得到父母的回应，希望对方能体会自己的开心或苦恼，这是一种寻求最亲近人认同感的诉求，因为孩子把父母当作最值得信赖的人。可是这种渴望得到回应的心情，很多家长对此却并不理解，只要孩子讲的不是关于学习，不是自己认为的“正经事”，就硬生生地打断他们的话语：“在学校别管这些闲事，把精力放在学习上！”多次下来，孩子倾诉的欲望被一点点浇灭，一旦有一天他们彻底对倾诉对象失望，关上与父母沟通交流的心门，想要再打开就很难了。

当有一天孩子不允许父母进入他的房间，不许父母打听他的事，饭桌上呈现默默吃饭、一问一答的情境，作为父母会不会怀念当初那个滔滔不绝、追着自己屁股后面手舞足蹈讲故事的孩子？成人总是对孩子有很多的偏见，认为他们思想幼稚，什么都不懂，讲述的都是毫无意义的话，其实不然，孩子的世界是一尘不染的，讲述的也都是最真实的心声，如果没有倾听，就不能知道他们内心的想法，在孩子走错路的时候就不能及时劝导，这样的父母是最失职也是最愚蠢的。

有位记者朋友对我说，他小时候特别喜欢把心里话讲给母亲听，觉得自己在她那里能受到重视。他说：“每次我说话时，我妈总是细心、耐心、专注地倾听。”

他上中学后，父母工作总是加班，有时一连几天都见不到他们。但他从没有感觉到和父母有心理上的距离。

每到周六，父母都会在百忙中抽出一些时间，定期开一次“家庭会议”。

在这个会议上，父母会让他把一周中遇到的事情讲出来，还会让他谈谈看法和感想。

他说："这个家庭会议是我倒苦水的日子。当我碰到解决不了的问题时就讲给爸妈听，他们耐心地听完后还会帮我出主意，或是想办法逗我开心。"

正是这种家庭教育方式，让他养成了一遇到困难就主动找父母商量的好习惯。亲子之间如果能彼此倾诉、定时谈心，不但会让孩子的不良情绪得到宣泄，还会取得他的信任。当他有了心事时，首先会想到要告诉父母，争取父母的支持和鼓励。

因此，身为家长，在日常生活中，一定要学会耐心倾听孩子的心声，当他的好听众，这样才能采取适合的教育方法，让他健康活泼地成长。那么，父母应该怎么做呢，倾听的过程中又该注意哪些事项呢？

1. 不要找借口拒绝孩子的诉说

由于社会竞争比较残酷，很多人既面临着工作的压力，也面临着生存的压力，在双重压力的挤压下，人们极易出现心力交瘁的现象，很多人动辄脾气暴躁、怒气冲天，很难接受来自他人的批评或指责。尤其是很多农村父母，由于生活压力比较大，面对孩子喋喋不休的抱怨，内心很是烦躁。于是，有的父母会严厉地让孩子"闭嘴"，还有的父母很干脆地对孩子说："我很忙，没时间，以后再说！"其实，当面对孩子倾诉的时候，父母即使在很忙碌或者心情很差的情况下，也要倾听孩子的诉说。倾听孩子的诉说，会为家长提供一次了解孩子的机会，也是和孩子很好的沟通机会，更是教育孩子的好时机。因此，不论孩子什么时候提出问题，提出了什么问题，父母都要尽可能地找时间立即去倾听，而不是让孩子等父母有了时间再说。立即听孩子说话，有助于赢得孩子的信任，这样孩子才愿意把他所有的事情都说出来，也有利于父母更好地把握孩子的心理，引导和教育孩子健康成长。

2. 倾听的时候要用心

在成年人的世界里，有一种人特别受大家欢迎，他们在听对方谈话时，无论对方的地位怎样，总是细心、耐心、专注地倾听，说者自然也就会感觉到畅快淋漓，受到重视。其实，对待孩子也应该这样。

每当孩子主动要向父母倾诉，父母应该放下手中的工作，耐心地倾听孩子畅所欲言，让孩子把心中的郁闷宣泄出来。亲子之间如果能彼此倾诉，经常恳谈，问题会少很多。

另外，家长要注意，不要还没有听完孩子讲述整个过程的来龙去脉，就妄下结论。如孩子告诉父母，他今天被老师批评了，父母马上就来一句“一定是你上课不认真听，犯错了”。久而久之，孩子就会与父母没话可说了。只有当父母耐心倾听孩子的话，知道孩子的许多经历后，才会获得正确引导孩子的机会。

3. 倾听的时候要让孩子感觉到被关注

关注是倾听中的一个重要环节，它能使孩子从父母那儿获得亲切与安全的信息。关注分两类，一类是体态语言，一类是口头语言。

体态语言就是通过人的面部表情、眼睛、手、脚，以及身体的动作、姿态，传达某种情感的不言之语。在倾听孩子的诉说时，父母可以用许多体态语言对孩子表示关注。如：让孩子坐下，自己也靠近孩子坐下。父母坐的时候要使自己的身体前倾，不要后仰。前倾表示重视孩子的讲话，后仰则显示出对孩子的不在乎。父母的表情要与孩子的情感相吻合。如果孩子当时非常痛苦，父母要有沉重的表情；如果孩子很高兴，父母也要流露出愉快的神情。

当孩子说到伤心处痛哭时，父母最好的做法是递过手绢、纸巾，或为孩子拭泪，但不要阻止。因为哭也是一种宣泄，有利于孩子的身心健康。递上手绢或纸巾是对孩子哭的行为的一种支持。将孩子拥在怀里，抚摸他的头发、脸颊、肩膀。很多父母在孩子很小的时候，很乐于表达亲昵的行为，等到孩子进入了青春期，就觉得肢体接触“不好意思”或者认为没有那个必要，其实，孩子长大后，也需要温暖的身体接触，这可令孩子切身体会到父母的关怀。

父母还可用口头语言来表示关注。如“嗯”“哦”“我知道了”之类的话语，表示自己正在专心地关注孩子讲话。如果父母只顾听孩子说，而不用自己的声音传递关注，会引起孩子的误会，以为父母在想别的问题，没有在倾听他说话。当然，父母的口头语言要简洁、清晰、合情，孩子在觉得委屈时，父母如果只是一味地跟他说“没关系，坚强一点”“这没什么好难过的”，会让孩子觉得父母一点都不能体会他的感受，如果父母说“我要是你也会有这种感受的”，相信会有截然不同的效果。

在跟孩子讲话时，低声细语能让孩子感到与父母处于平等的地位。孩子的情绪极易受外界环境的影响而发生变化，高声训斥会使孩子因受到突然袭击而惊慌失措，精神处于高度紧张状态，甚至引起反感，反而听不进家长的话。常用温和亲切的低声调来与孩子对话，可以增强孩子对父母的信任感，增强孩子与父母进行交流的自信心，并能增进孩子和父母间的感情。

4. 把握好倾听的时机

父母再忙，也要抽时间倾听孩子的诉说，时间长短都可以，但是，要保证倾听质量。倾听孩子讲话也需要合适的环境，有些交流需要一家人在一起，热热闹闹、欢欣愉快；而有些谈话需要一个清静温馨的环境。在孩子吃饭时、睡觉前，与其他孩子在一起时，或者父母的心情不佳时，都不是与孩子交流的好时机，更不适合对孩子进行批评教育，否则会伤害孩子的自尊心，影响孩子的心理健康。

二、教育孩子，切忌唠叨不休

曾有位学生来到心理咨询中心倾诉，说她现在一听到母亲讲话，就想离家出走。她说：“我现在最大的愿望就是，到一个没有我妈声音的地方，好好地睡上一觉。”

她5岁时父母就离婚了，母亲把全部希望都寄托在她身上。当她成绩下降了，或者犯了一丁点儿错误，母亲都会讲一连串她不知道听了多少遍的话。

她难过地对我说：“这么多年，我妈一个人把我带大确实不容易，我能体会她为了我没有再婚的心情。在我心里，我是如此爱她，可是她就不能少说我吗？”

她讲到前几天发生的一件事情：

从上小学开始，她每天早上起床时都要让母亲叫她，这已经成习惯了。

前几天母亲加班，早上没叫她，那几天她都迟到了。

母亲为这事一连说了她一周，而且这一周说的话都是："你说你都这么大了，还这么依赖我，万一我以后有个什么意外，你可怎么办啊?"她无可奈何地说："不管我如何解释，也不管我现在不用她叫也能早起了，她一见到我，都这么反复地讲这话，让我不胜其烦。有时为了气她，我真想故意晚起迟到一次。"

曾经有一项调查，问青春期的孩子对妈妈最大的希望是什么？结果74%的孩子都说："我希望妈妈不要太唠叨。"面对这样的回答，家长在抱怨青春期孩子不听话的时候，有没有意识到自己的一遍遍唠叨也存在着一些问题呢？有没有想过为何有如此多的孩子认为父母爱唠叨呢？

我们先来看一下父母唠叨的内容。孩子们认为父母的唠叨大多都集中在他们的生活、学习与考试中，比如"多吃点饭，别饿着""到学校好好学习，别打架""某某家的孩子又考了前几名"，等等。孩子每天都要听着这些大致相同，并且还是他们不感兴趣甚至有些反感的话题。

当然，孩子本来就不太喜欢父母唠叨，而那些处于青春期的孩子就更加如此。一方面，孩子进入青春期后，其心理上出现了"第二次断乳期"，孩子的独立性逐渐增强，心智不断成熟，对成人的依赖不断降低，处处都想以独立言行来表明自己的"成人形象"。另一方面，处于这一时期的孩子往往从心理上采取一种执拗的态度来回应父母的干预，以显示自己的独立，因而对父母的唠叨很是反感，有的甚至还会采取极端的方式，比如用离家出走、自残等方式来表达对父母的不满。再者，沉重的学习任务与竞争的压力，使得青春期孩子很希望有一个轻松的家庭氛围，而父母那"唠叨不休"的话语，反而使他们陷入更加沉重的烦恼中，这样难免使孩子感到更深的失落与反感，进而导致孩子的反抗心理。

可见，父母的唠叨和数落不但不会对孩子有任何帮助，还会引起孩子的逆反心理，不利于父母与孩子之间的交流和沟通，父母更不能正确把握孩子的心理。这种不明智的教育方式无时无刻不在毒害着孩子。当然，要想改变这种状况，父母就要先改变自己的思维习惯和思想认识，依据孩子的心理特点和性格特点，采取积极而恰当的方式与孩子进行沟通。父母可以借鉴以下几种方法：

1. 跟孩子提前约定好

凡是要一遍遍唠叨的事情，比如吃饭、起床等，家长可以提前跟孩子约定好，可以这样说："孩子，请你在10分钟之内结束手头的事情来到饭桌旁，我再也不会一遍遍喊了。"一旦约定好之后，就一定要坚决地执行，如果孩子在10分钟之内没有来吃饭，那么其他人可以先开饭。家长一定要狠下心来，孩子少吃一两顿没有关系。

2. 说话不能信口开河

比如规定孩子做好作业再开饭，但有的父母话虽说出去了，可心里又怕孩子肚子饿，就没事找事地说："你饿不饿?""快做快做，饭都凉了，你还想不想吃饭?"诸如此类自相矛盾的话，反映了家长自己感情的软弱，说话不算数，没有威望。因此，家长要想克服唠叨的毛病，那在对孩子讲话之前就要三思而后行，不能信口开河。

3. 降低说话的声调

家庭语言的低声调是亲子关系和谐的一个重要因素，也有利于避免气氛恶化。倘若想让孩子做什么事情，可以用亲切的语言在他的身边轻轻地告诉他，尤其对青春期的孩子，这既是命令，又是感情的信任，悄悄一句话比家长大声呵斥的作用要大得多。

4. 满足孩子的心理需求

满足孩子的心理需求，就是要把话说到孩子的心坎上。只要话说到了点子上，不用家长多唠叨，孩子自然会朝着家长指着的方向走。比如青春期的女儿正在发胖，当女儿正在犹豫着要不要吃冰激凌的时候，妈妈说："都胖成这样了，还吃！你就没有点意志力？你说你一个女孩子……"唠叨又开始了。

这样一唠叨孩子肯定会更烦，本来还有点犹豫，这下子反而豁出去了，

“我就吃！”

其实，智慧的妈妈只要满足孩子的心理需求就好了，可以这样说：“女儿啊，你胖也好，瘦也好，妈妈都喜欢，你永远是妈妈的最爱，只不过我会很担心你的健康。”这时候女儿也许会说：“哦，那算了，我还是不吃了吧！”妈妈这样说既满足了孩子的心理需求，又轻松地解决了问题。

5. 尽量不做无谓的埋怨和比较

作为父母，切忌总是在孩子耳边讲你怎样为他付出，或者拿自己小时候与孩子对比，甚至拿自己的孩子与别人的孩子相比较。这样容易激化孩子的逆反心理。所以，在管教孩子的时候，我们要就事论事，具体问题具体分析，帮助孩子解决一些实际问题，而不是一味地埋怨和比较，打击孩子的积极性和主动性，伤害孩子的自尊心。

6. 不要事事都叮嘱

可以说，家长对孩子讲的话虽然多，可很多都相当于是“无用功”。事情无论大小，反复强调叮嘱就容易造成全家上下不得安宁，大人为孩子不听话而气愤，孩子在繁杂的语言环境里定不下心来做功课，结果会适得其反。因此，家长一定要分清事情的原由，不要事事叮嘱，一些无关痛痒的事情尽量少说，因为青春期孩子非常不喜欢有人“管头管脚”。

三、父母犯错，请对孩子说声“对不起”

几乎所有的父母教育孩子要勇于承认错误，不要为自己的错误找借口，勇敢面对自己犯的错，知错就改。可是有些父母自己错了却不愿意在孩子面前承认，尤其曲解、误解孩子，或当错误地批评孩子时，不愿意直接、正面地向孩子承认错误，唯恐在孩子面前丢了威信、失了威严。其实这种担忧是多余的，父母如果在犯了错误的时候也学会向孩子说声“对不起”，对子女的教育无疑是大有裨益的。

古人云：人非圣贤，孰能无过？知错能改，善莫大焉！父母毕竟都不是圣人，在家庭生活中，难免会发生一些误解孩子，甚至伤害孩子的事情。解决办法的关键是发生问题后家长怎样处理。错怪了孩子，就应主动道歉，而且态度要诚恳、不敷衍。有些家长认为这样做会有失尊严，其实不然，孩子是明理的。父母向孩子认错，给孩子树立了有错必改的榜样，会使孩子由衷地敬佩父母的见识和修养，从而更加信任父母，一家人和睦团结，为孩子创造健康成长的良好环境。

美国儿童心理学家罗达·邓尼曾说过："当父母错了，或违背了自己许下的诺言时，如果能向孩子真诚地说一声'对不起'，可以帮助孩子建立自尊，同时能培养孩子尊重人的好习惯。"一位教育学家也说："父母是孩子天然的教师，他们的一言一行，都对孩子有着重大的影响。当然，父母也是孩子的一面镜子，处处要成为孩子的榜样，身教胜于言教"。所以，作为父母，要用你的行为影响孩子，用你的语言打动孩子，而孩子也会在"润物细无声"中茁壮成长。因此，为了孩子的健康成长，父母犯了错，就要对孩子说声"对不起"。因此，当父母做错事后，向孩子道歉时应当注意哪些事项呢？

1. 无论何时，承认错误都不晚

很多父母在孩子"闯祸"之后，往往由于一时的感情冲动，对孩子进行了不恰当、过重批评或惩罚，但在事后又觉得很后悔。当时没有及时地道歉，随着时间的推移，觉得更没有道歉的必要。其实，如果父母真的做错了，一定要向孩子承认错误，并且无论何时都不晚。

2. 先稳定情绪，再道歉

如果你仍在生孩子的气，那千万别道歉，即使你知道自己错了，也要等情绪稳定后再说，例如，在情绪沮丧时，道歉会使孩子产生迷惑或恐惧的心理。

3. 道歉要明确

当跟孩子说"对不起"时，一定要明确又具体地告诉孩子你错在哪里，为什么要认错，否则也会使孩子困惑，弄不清楚什么是正确的，什么是错误的，也不知道自己在事件中怎么做才合适。

4. 态度要诚恳

父母在给孩子道歉时，态度要诚恳，对任何一个错误，切勿漫不经心地说“对不起”，要承认自己的不是，并在以后的生活中努力改正，不然孩子会觉得父母虚伪、不可靠。

5. 不要低估孩子的接纳能力

事实上，大部分孩子是很乐于原谅别人，也乐于接受他人意见的。所以，父母不要怀疑或低估孩子接纳别人道歉的能力。相对于成人来说，孩子的心是坦诚的、胸怀是宽阔的，他们不会对父母所犯的错误耿耿于怀，甚至斤斤计较。

四、批评讲艺术，孩子才会听

著名教育家陶行知先生认为：在教育孩子时，批评比表扬还要高深，因为批评一定要讲究方法，这是一门艺术，用得好，它比表扬的效果还有用处。

孩子在成长过程中难免会犯一些错误，批评孩子可以说是所有为人父母的必修课。但如果不分时间、地点，采用不适宜的方式批评孩子，甚至把批评变成对孩子的情感虐待，就有可能造成孩子自卑、孤僻的性格，激起孩子的逆反心理，批评后孩子还是会不以为然、我行我素，甚至激发孩子和父母唱对台戏，这与教育初衷背道而驰。尤其是青春期的孩子，逆反心理都比较强，如果父母在批评孩子时不讲究方法，根本无法让孩子心服口服，那么也就无法达到教育孩子的目的。

著名教育家苏霍姆林斯基曾经讲过这样一个故事：

一天清晨，校长在校园里散步，忽然发现一朵盛开的玫瑰花，那朵玫瑰花看上去又大又鲜艳。他想：这朵美丽的花肯定会引来更多人的观赏。

然而，当校长转身即将离开的时候，忽然跑来一个女学生，摘下了那朵漂亮的玫瑰花，正准备拿着向校外走去。校长非常生气，急忙走近女学生……女学生看到校长站在她前面，显得十分胆怯。

然而，校长虽然很生气，却没有严厉地指责女学生，而是微笑着、亲切地问道：“孩子，你摘这朵花送给谁呢？”女学生有些害怕，怯怯地说：“送给我的奶奶，她病得很厉害，我想送给她一朵最大、最漂亮的鲜花，希望她能快点好起来。”

看着女学生那纯真的小脸，校长很受感动，于是牵着女学生的手，又摘下了两朵又大又漂亮的玫瑰花，送给她说：“这两朵玫瑰，一朵是奖给你的，因为你拥有美好的爱心；另一朵是送给你奶奶的，感谢她养育了你这样的好孩子。”

女学生回到家把三朵玫瑰花摆放到奶奶的病床前，奶奶很欣慰，但随即一脸疑惑地问：“这些花你是从哪儿弄来的？”小女孩把事情一五一十地告诉了奶奶，并说校长发现她摘花了，没责怪，反而又送了两朵花给她，她认识到了摘花行为不好，保证以后不会随便破坏公共环境了。

这个故事中的校长虽然很生气，可是并没有直接指责那个孩子，而是从她的错误行为中挖掘出她关心老人的优点，甚至还肯定了孩子的长辈教子有方。这样不但让孩子认识到自己随便采摘公共之物是一种错误，而且还激励了孩子进一步关心、孝敬老人的美好品质。

可见，批评一定要讲究方法。一般情况下，青春期的孩子都有了一定的是非观念，在做错事或者犯错误之后，内心会处于一种不安的状态，他们会焦急地等待着父母或老师的惩罚。但在受到惩罚或指责以后，孩子就会这样想：我已经受到了处罚，这件事以后就应该与我毫无关系了。这样，孩子也就丧失了一次从内心深处反省的机会。

另外，如果孩子犯了错误之后，父母对孩子进行严厉的批评，会使孩子产生一种错觉：父母是不是轻视我、厌恶我，甚至是有意为难我？在这种错觉的影响下，孩子的错误行为会越来越多。与之不同的是，如果父母没有直接批评犯错的孩子，而是站在孩子的角度肯定他们、鼓励他们，就会点燃孩子向善的意念，从而让他们逐渐认识到自己的错误，并积极改正过错，从而使家庭教育的目的顺利达成。那么，父母在批评孩子时，应该注意哪些事项呢？

1. 批评孩子切莫伤害其自尊心

明智的家长应懂得如何熟练地运用批评艺术：

（1）分清场合和措辞。当着亲友或孩子的同伴批评孩子，孩子会感到难堪和不满，也听不进家长的批评。

（2）批评措辞要适当，切忌用“你简直不可救药”“你怎么不如某某学习好”“你真笨”等伤害孩子自尊心的话语。

（3）对事不对人。真正懂得批评的家长，着眼点应该放在如何促进孩子改正缺点上，而不是揪着缺点不放。就事论事，不翻旧账。

（4）适当冷处理。当孩子情绪反应强烈、言语冲动的时候，家长可以采取不理睬的态度，等孩子冷静思考，平息冲动后再做批评。

2. 让孩子学会将心比心

家长过问、干涉孩子的行动，应直截了当说出自己的担心和忧虑，让孩子知道家长的爱心。比如，处理孩子放学晚归这种事情，有的家长是等孩子回家后，劈头盖脸一顿臭骂，勒令以后不准晚归。这种处理方式过于急躁，孩子不但没有体会到家长的爱心，反而对家长产生了抵触情绪，认为小题大做，管得太宽。而有的家长则会尽量压住怒气，心平气和地询问原因，并说明因为不知道你为什么晚归，心里很着急、很担心，希望你能够站在家长的角度，体会家长的爱心和不易，以后早点回来。相信懂事的孩子听了这一番话后，会为自己的晚归给家长带来不安而感到内疚自责，对家长的干涉行为也不会产生反抗与抵触。

3. 采用实践体验法

用实践体验法化解孩子的逆反心理，比命令和口头说教有效得多。一位父亲曾经讲了这样一个故事。一天傍晚，父亲与儿子散步时，儿子看到西瓜摊卖西瓜就非要买。父亲说：“离家太远，抱回去太累人，不买。”儿子不高兴地回答：“我要买西瓜你不买，你喜欢我学习好，我也不好好学习。”父亲略一思量，对儿子说：“买西瓜可以，你要自己拿回家。”儿子抱着买的西瓜走一会儿就累得满头大汗，一路歇了几次才把西瓜抱回家。这一体验让孩子感触颇深：“吃个西瓜也真不容易啊！”由此体会到父亲的良苦用心。

五、少用命令式口吻，孩子更爱商量式

很多父母对孩子说话或让孩子做事时，经常使用命令的口气，这样非但起

不到好的效果，还会引发孩子的叛逆心理。不要用命令的口气对孩子说话。放下自己的尊严，把孩子当作平等的朋友，父母一定会体验到非常美妙的境界。

很多人都知道连通器的原理，只有两头高度差不多，水才有可能在中间的管道里来回流动，如果一头高，一头低，水就只能往一个方向流动。孩子与父母的交流也是一样的。拒绝命令的方式，平等地和孩子说话，父母与孩子才有可能平等地交流。

美国精神病学家威廉·哥德法勃曾经说过："教育孩子最重要的，是要把孩子当成与自己平等的人，给他们以无限的关爱。"无数事实也表明，父母以居高临下的命令姿态来跟孩子说话，反而会使孩子产生逆反心理。只有父母转变姿态，像对待朋友那样去跟孩子说话，才有可能让孩子感受到平等。

曾有位叫圆圆的学生来到心理咨询中心对笔者倾诉，她最害怕听母亲讲话。原因就是母亲老是用命令的口气和她说话，她说："她用这种口气和我说话，我觉得是因为她不尊重我。"

有一次，她回家后饿了，就吃了点零食，母亲就命令她："不想写作业是吧，那就过来帮我择菜。"

她不情愿地回答："我吃了这点饼干就去写作业。"

母亲却说："我说让你择菜你就来择菜，哪来那么多废话。"

母亲的语气让她很难堪，同时也激起了她的逆反情绪，她说道："我今天作业多，不能帮您择菜。"说着就打开了自己的书。

母亲却过去一把抢过书，命令道："我再说一遍，你现在去厨房择菜。"

她看着母亲那张说一不二的脸，听着这命令的声音，心头的怒火开始往上冒。

她怒视着母亲，说道："我今天就是不择菜，您能把我怎么样？"说完跑出了家门。

那天晚上，她在楼下小区的亭子里坐了很久才回家，回去后她拒绝吃母亲做的饭。之后有好长时间，她不理睬母亲。

孩子是一个独立的个体，有自己的想法，尤其是青春期的孩子，有着强烈的自尊心。他们希望父母能够平等地对待自己，不愿意听到父母命令自己的口气，更不喜欢父母强迫自己的行为。当父母用命令的口吻要求孩子做事时，孩子很容易产生与父母对抗的行为。如上例中的圆圆，在听到妈妈的命令后，就产生了对立的情绪，结果她没有听从妈妈的安排，妈妈也被气得够呛，弄成两败俱伤，导致关系越来越僵。

“成人世界”与“孩子世界”沟通的钥匙，不是仅掌握在大人手中，而是大人和孩子每个人手中都有一把，最重要的是大人手中的钥匙。父母要想和孩子沟通，需要学会一件事——经常从孩子的观点上来思考，从孩子的角度来观察、决定事情，这是对孩子最大的尊重。

与孩子之间的有效沟通，能使父母更深入地了解孩子，把握孩子的思想脉搏、情感体验和行为意向，自然就能得到教育子女的正确方法，从而避免很多弊端，例如，可以减少在处理问题或教育疏导中出现的操之过急、主观臆断、简单粗暴等不良情绪。父母与孩子之间的沟通，使孩子觉得被父母所接纳、承认和理解，从而让孩子产生一种情感上的愉悦感和满足感，这样做不仅可以促使孩子更加积极上进，还可以填补两代人之间的鸿沟，形成良好的家庭关系，为两代人之间的交流合作和互相学习清除了障碍。

那么，父母怎样做才能实现与孩子更好的沟通呢?

1. 放下权威至上的观念

父母应放下权威的架子，把自己放在和孩子平等的位置，真正做到尊重孩子，不把自己的想法强加给孩子，只是提出想法和建议，让孩子自己选择。很多父母之所以不让孩子自主选择，是因为担心他犯错。但是，孩子正是在错误中成长起来的，应该给予孩子充分的信任。当父母的想法跟孩子有冲突时，不妨换位思考：如果有人不尊重我而只是要我听话，我会是什么感受呢?

2. 学会与孩子商量

对孩子要少使用命令的口气，多一些商量的方式，就会使孩子改变对父母的抵触，消除或减轻两代人的隔阂，从而使父母与孩子之间形成温馨友爱的氛围。而且，这也体现了父母的修养与教育有方，还会使孩子变得更加懂事。

3. 用孩子的眼光去看孩子的世界

父母要经常站在孩子的角度去考虑孩子的言语行为，了解孩子的年龄特点，才不会对孩子提出苛刻的要求；理解孩子看问题的角度，才不会拿成人的标准去批评孩子；尊重孩子的自尊心理，才不会采取命令的口气对待孩子。

4. 掌握非语言沟通很重要

教育孩子时，父母除了有意识地用语言与孩子交流传授知识，或进行思想品德教育以外，还可以自觉或不自觉地以目光、表情、服饰、姿态等非语言行为与孩子交往。这种非语言行为既能表露一个人的意志、性格和情绪，又能表示某些意图。可以说，非语言行为可以补充、加强甚至代替语言，且同样能收到很好的教育效果。

语言学家艾伯特·梅瑞宾的研究表明，人与人之间的沟通 93% 是通过非语言进行沟通的，只有 7% 是通过语言沟通的。而在 93% 的非语言沟通中，有 55% 是通过面部表情、形体姿态和手势等肢体语言进行的，只有 38% 是通过音调的高低进行的。

因此，艾伯特·梅瑞宾提出了一个著名沟通公式：沟通的总效果 =7% 的语言 +38% 的音调 +55% 的面部表情。

由此可见，非语言信息在沟通过程中是多么重要。

然而，在亲子之间的沟通中，非语言沟通常常被忽视。例如，当孩子对妈妈讲述某件事情时，大多数的妈妈都不会放下手中的家务，注视着孩子的眼睛，而是一边做家务，一边听孩子说话。有时，甚至还会向孩子大吼："没看我正做饭呢吗，你不能等会再说！"

正是因为家长这种忽视非语言沟通的态度，使得这些青春期的孩子觉得与家长沟通"没劲"，并且还会使他们产生一种不被重视的感觉，因此他们不愿意与家长沟通，甚至是拒绝与家长沟通。

当然，也有一些家长用了错误的非语言与孩子沟通，例如经常向孩子发脾气、拍桌子、摔东西等。这些行为都在传递拒绝沟通的信号，它将会阻碍亲子之间的沟通，破坏亲子关系。

其实，正确的非语言沟通对于孩子来说是非常重要的，尤其是在具体的环境中，非语言沟通往往能表达某种特定的含义，从而增进家长与孩子之间的感情。例如，当孩子做出了自认为很自豪的事情，很希望得到妈妈的认可时，如果妈妈单纯地用语言与孩子沟通，告诉孩子："儿子，你真棒，妈妈因为你而骄傲!"孩子也会很高兴，但是这种高兴劲也许没过多久就被孩子忘记；如果妈妈运用非语言与孩子沟通，微笑地走到孩子面前，给他一个拥抱，然后再告诉孩子："儿子，妈妈因为你而骄傲!"这样，孩子将永远也不会忘记妈妈对他的赏识和鼓励。

看到这里，也许有些父母又要产生疑问：孩子到了青春期时会对自己的身体很敏感，他们会不会讨厌我们接触他们的身体?

是的，到了青春期，孩子对自己的身体变化感觉很难为情，因此对自己的身体很敏感。或许他们真的讨厌他人接触他们的身体，但他们永远都不会拒绝来自于家长的欣赏和鼓励。

孩子身体发生了变化，孩子还没有表现出什么，很多家长先开始紧张了，他们不敢再像孩子小的时候那样拥抱孩子，也不会再爱抚地摸孩子的头、拍孩子的肩膀。也许正是因为家长的这些变化，孩子才会对自己的身体变得敏感起来。其实，家长与孩子之间正确的非语言沟通，并不会使孩子讨厌，相反，正是因为这些非语言，孩子才能真实地感觉到家长对他们的爱与欣赏。所以，建议父母们在日常生活中，要多用一些非语言的方式与孩子进行情感交流。

1．拍拍孩子的肩膀

当孩子遇到困难时拍拍孩子的肩膀表示对孩子的鼓励和肯定。拍拍孩子的肩膀，不仅能够使孩子对父母产生一种信任，孩子还会获得无穷的勇气和力量，战胜困难。例如：孩子成绩没考好，正在自己的房间里懊恼时，父母给孩子倒了一杯水，拍拍孩子的肩膀，转身离开了；孩子心爱的小伙伴小花猫走失了，正在伤心地哭泣，父母拍拍孩子的肩膀，给孩子递过一张纸巾。

其实，无论孩子是高兴还是伤心，是兴奋还是沮丧，父母拍拍孩子的肩膀，都能拉近与孩子间的距离。当孩子做出了引以为豪的事情时，父母拍拍他们的肩膀，他们一下就会领会父母的意思，并会在心里对自己说："妈妈/爸爸在为我而骄傲，我一定会更加努力，成为妈妈/爸爸永远的骄傲。"

当孩子伤心，或者正为某些事情烦恼时，父母拍拍孩子的肩膀对他说："一切都会好起来的！"这个动作往往能够给孩子很大的精神鼓励，使孩子的情感很快得到安抚。

2. 让拥抱陪孩子长大

有调查表明，有70%的孩子喜欢父母的拥抱，其中33%的孩子认为人的一生都需要父母的拥抱。

心理学研究发现，人都有一定程度的"皮肤饥饿感"。对于年幼的宝宝来说，如果孩子需要拥抱，父母就应该随时张开臂膀，给孩子温暖的拥抱，让孩子在父母的怀抱里找到安全感，感受到父母的亲密和爱，实现情感的沟通。

而对于青春期的孩子来说，当他完成了一项任务或者做了一件好事时，父母满意地拥抱他一下，孩子会得到极大的满足；当他们遇到了挫折或者困难时，父母的拥抱则会让他们加强信心，鼓起勇气去克服困难；当孩子要远离家门，外出求学或者工作时，父母如果运用拥抱，既可以表达关爱和不舍，也可以表达出牵挂与担忧。总而言之，千言万语尽在此时的拥抱之中。

有些父母觉得拥抱的行为过于亲密，感觉不自然，尤其是妈妈对待儿子、爸爸对待女儿的时候，因此往往避免拥抱。实际上，拥抱正好促进父母与孩子之间的感情。

3. 与孩子像朋友一般握手

握手表示一种友好，这是握手礼仪传达出来的首要情感。当两个陌生人相见时，握握手，两人就认识了，距离就会拉近。

当父母像朋友一样与孩子握手时，孩子就会感受到父母对自己的友好和尊重，他们就更容易打开自己的心扉，愿意与父母分享自己的想法。例如：

妈妈因为工作需要要给同事发一封电子邮件，因为妈妈不太懂，便向上五年级的儿子请教："儿子，妈妈想拜你为师，你能教我发电子邮件吗？"

"当然可以了。妈妈，你看，把这个打开……"儿子认真地给妈妈讲起课来。

当邮件发送成功之后，妈妈真诚地伸出手说：“以后电脑方面的事情我还要多向你请教，来，握个手吧，祝我每天都能进步一点点！”儿子虽然有点不好意思，但他仍然很认真地与妈妈握了握手。

许多父母不习惯直接对孩子说：“来，孩子，我们做个朋友吧！”而通过握手，父母想与孩子做朋友的意思就很真诚地表达出来。这时，孩子也很容易从心理上认可父母，从而愿意与父母成为好朋友。因此，想了解孩子心理、成为孩子好朋友的父母，不妨试着与孩子握手。

4. 用微笑和点头肯定孩子

点头给予孩子的是一种认可和鼓励。当孩子取得成绩之后，父母可以用点头鼓励、称赞孩子，这样，孩子就会充满信心，并会努力做到更好。

而当父母微笑着点头认可孩子时，孩子会比听到父母的夸奖还要高兴。因为微笑和点头，不仅仅给予孩子认可和鼓励，而且能让孩子体会到父母对自己的爱。

第三节　情绪稳定，引导孩子阳光成长

父母的情绪往往也能够影响孩子的情绪，在多年的教学中笔者观察到，那些性情稳定、乐观温和的家长，即使文化程度不高，也能培养出一个乐观自信的孩子，而那些暴躁易怒的家长，培养出的孩子多半情绪不稳定。

父母自身情绪稳定以及对孩子展开正确引导都非常重要，那么作为农村地区高中生的家长该如何做到正确的引导孩子呢？

一、科学疏导，让孩子不再逆反

男孩王强（化名）自从进入青春期后，就开始喜欢与父母唱反调，父母说东，他偏说西；父母说这样，他偏说那样。一天，他做作业时，手总是不

停地玩笔，妈妈就对他讲："你这样玩笔会耽误时间，分散注意力。"不说还好，妈妈一说，他反而玩得越来劲。有时，他在做作业时，一见妈妈进屋，马上玩起笔来，把妈妈气得没办法。

王强所表现出来逆反的行为让妈妈很生气，也很失望，觉得原本很听话的孩子不知是什么原因竟变成现在这个样子，实在令自己头疼不已。

其实王强存在的问题主要就是他存有逆反心理，这也是许多进入青春期的孩子普遍存在的问题。

青春期是孩子走向成人的过渡阶段，是由对父母的生活依赖逐渐走向独立的时期。当孩子进入青春期后，自我意识和独立能力得到进一步增强，从主观意愿上来说，一般都想自己管理自己，自己处理自己的事情。父母一旦在有关孩子的事情上说长道短，指手画脚，孩子就会产生厌烦和抵触情绪，于是就显得越来越没有小时候听话。

然而，需要注意的是，逆反心理大都具有危害性。一方面，逆反心理过重或不善于处理和自我调节，就会给孩子自身带来心理压力，引起心理障碍。另一方面，逆反心理还容易造成孩子感情失控，与家长、教师感情疏远、关系僵化，甚至对立，那时孩子不但会听不进正确的教育和劝导，还可能会造成大错。因此，当发现孩子产生了逆反心理时，一定要科学地予以疏导。那么，父母应当怎么做呢？

1. 以放手代替管制

家长总认为孩子还小，一放手就会闯祸，所以需要严厉管制，不管就会没规矩，把心玩野了。殊不知这样的管制，反而使孩子失去了责任感，使孩子的自制能力无从培养。为了挣脱束缚，寻求自我空间，孩子就会和家长对抗。所以，家长该放手时要放手，教会孩子去为自己的行为负责，给孩子锻炼的机会，这样才能让孩子在体验中成长。

2. 以身教代替说教

父母习惯于对孩子说教，而且带有教训的口吻，令孩子十分反感。比说教更有效的是身教，比如家长天天玩电脑游戏没节制，却训斥孩子不能玩电脑游戏，孩子当然不服气。所以，不如少说多做，以身作则。

3．以商量代替命令

许多家长习惯于用命令的口气对孩子说话，如到了睡觉的时间，孩子还在看电视，就下命令："你应该睡觉了，听到没有?"青春期的孩子对这种带有强制性的命令会公开反抗。如果换成商量的口气和孩子说话，效果或许就会不一样了。比如对孩子说："你是不是该睡觉了？你看这么晚，明天能按时起床吗?"如果担心孩子不听，则可以用选择句，如"你是八点睡呢，还是八点一刻睡?"这更容易让孩子接受。

4．以肯定代替否定

一些家长总是在无意中用否定句要求孩子，这样的否定标签会使孩子感到十分反感。孩子不可能不犯错误，但孩子同样有好的一面，我们何不放过孩子不好的一面，抓住好的一面给予肯定呢？让孩子看到希望，孩子也会在家长的不断肯定、表扬、欣赏中朝着好的一面发展。否定会使孩子丧失信心，肯定会使孩子坚定信心，在一定程度上，好孩子是夸出来的。

5．以关爱代替唠叨

青春期的孩子反感家长的原因之一就是感受不到父母的爱，因为这种爱被没完没了的唠叨、指责、说教给隔断了。这个时候，家长如果试着把自己的心态放回孩子平等地位的时候，那么，相信这种无条件的爱可以改善亲子关系，让孩子不与家长对立。

6．以配角代替主角

孩子小的时候，一般家长习惯于在台前当"指挥"，但孩子大了，家长就应该移身幕后，让孩子上台主演。这个让位很重要，是给予尊重、民主、平等、信任，是给孩子腾出成长的空间，赋予孩子培养责任意识，同时也有利于孩子创造性思维的训练。

二、不要让孩子养成"易怒"的习惯

一天，李女士正在上班，就被儿子老师的一个电话叫到学校，原来是儿子在学校闯祸了，可是令她不解的是，儿子一直都很乖，连和别人大声说句话都不敢，怎么会闯祸呢？

原来是班上有些男生挑事，说李女士的儿子小军是个“胆小鬼”。老师告诉李女士，班上传言，小军喜欢某个女生，但一直不敢说，这些男生知道后，就拿这件事嘲笑小军。而小军因为这件事很生气，大打出手，体形高大的他把这几个男生都打得鼻青脸肿。

对此，李女士很是不解，为何一向乖巧的小军突然被激怒而向同学大打出手？日常生活中，如果我们被人叫作“胆小鬼”，也许我们会生气，可是绝不会因情绪激动而做出一些伤人害己的事。小军出现这种问题与青春期孩子的情绪特点有关系：首先是情绪变化迅速，这时期的孩子很不稳定，情绪来得快、去得也快；其次是情绪活动明显呈现两极性，很容易从一个面转换到另一个面，甚至从一个极端走向另一个极端；最后是情绪反应强烈，当情绪冲动时，理智控制作用就会减弱，很容易做出不计后果的过激行为。

相信家长都明白，脾气暴躁会严重影响孩子的身心健康，而且暴躁的行为还是美好人生之路的障碍，它会使人适应能力变差，让人容易受挫。因此，父母应该教孩子学会克制自己的暴躁情绪，教给孩子理智处理事情的方法，让他碰到事情，学会对事不对人，引导孩子远离暴躁的风暴中心，还孩子一片“蔚蓝晴朗的天空”。

那么，父母要想改变孩子暴躁的脾气，缓解孩子暴躁的行为，应当怎么做呢？

1. 让孩子知道暴躁行为的危害性

父母应当把暴躁所带来的不良后果一一列出来，让孩子认识到将会带给自己的各种危害，有利于孩子遇事压制住怒火，减少暴躁行为的发生。

2. 教孩子在愤怒时学会拖延爆发的时间

一个人不管是处于不满、恼怒还是盛怒之下，如果克制自己一下，不立即爆发出来，会很有效地减轻暴躁行为产生的力度，从而减轻暴躁带来的后果。如果有可能，父母应教孩子学会离开导致自己暴躁的场所和人群，这样可以更有效地缓解孩子的暴躁情绪，避免不良后果的发生。

3. 教孩子学会释放自己的不良情绪

孩子的不良情绪上来之后，如果一味让孩子强制压抑下去，不利于孩子的心理健康。父母应教孩子学会释放自己的情绪，去找要好的同学诉说，把它写在日记里或者在空旷无人的地方喊上几声，都有利于平复孩子的心情，缓解孩子内心的压抑。

4. 换位思考——让孩子站在对方的立场上冷静思考

之所以会脾气暴躁，大多都是从自我的利益与角度出发去考虑问题，孩子在对人对事产生暴躁情绪的时候，让他站在对方的立场上冷静地想想问题，就会减少冲动行为，理智地解决问题，从而能够离开暴躁的风暴中心。

5. 让孩子学会自我反省

有些孩子之所以一而再、再而三地动不动就发怒、打架、骂人、毁物，大多时候是因为没有反省自己的行为。父母要教孩子意识到自己暴躁行为的严重性，使孩子反省自己的所作所为，这样下次再发火时，就会想到上次冲动的结果，从而控制住自己的情绪，避免再一次犯下错误。

李响（化名）生来脾气暴躁，有时候对父母的管教都会做出过激的反应，更别说与同学相处，因此他的身边几乎没有一个朋友。有一次，李响与同桌因为谁占用桌子面积多少的问题发生了争执，暴躁脾气一上来，拿起板凳就朝同桌的头上扔，鲜血当即从那位同学的头上流了下来。

李响吓傻了，呆立着一动不动，老师与同学急忙把李响的同桌送到医院。经检查，同桌只是头部受了外伤，对大脑并没有大的影响。李响的父母为此赔偿对方两千元的医药费，同时买了好多营养品并带着他向被打同学道歉。

这件事情过去之后，李响的父母没有就此原谅孩子，他们让孩子写了一个检查，深刻地反省自己暴躁行为带来的不良后果，并且给孩子记下了这两千元的账目，告诉孩子，以后挣到钱就想着还父母。同时，父母还给李响分析他的冲动行为，告诉他幸亏没有把别人的脑子砸坏，否则一辈子都不能承担自己暴躁行为带来的后果。

通过这次教训，李响虽然脾气还是比较暴躁，但当愤怒的情绪上来时，他会努力控制自己的不良情绪，减少、减轻自己的冲动行为。这样，李响再也没有因暴躁惹下让父母担忧的后果，同时身边的朋友也慢慢地多了起来。

6. 教孩子不对别人高要求或者挑剔对方

人与人不同，每个人的生活方式、对人态度、做事方法等也不一样。父母应告诉孩子不要对别人要求过高，不要去挑剔别人，不要让别人都去认同自己的想法与行为，这样能够减少孩子发脾气的可能。

7. 教孩子学会宽容大度

人非圣贤，孰能无过。父母要教孩子容纳别人的过错，这样不仅能体现孩子的宽容大度，还能使孩子很好地分析问题，解决问题，不会导致错上加错。

8. 让孩子学会“幽自己一默”

父母要让孩子知道，每个人都不可避免被他人评论，每个人都会遇到这样那样的困难、挫折，每个人做事情都不可能十全十美……当别人评价自己的缺点与不足时，不要急着发火，学会“幽自己一默”，这样不仅能化解怨气，还能显示自己的大度与修养，自己会受到别人的欢迎。孩子学会了在不利于自己的情况下“幽自己一默”，能够帮助自己建立和谐的人际关系，促进将来的发展。

三、摆脱虚荣心理，切莫陷入攀比怪圈

一天，王强（化名）放学后对爸爸说：“老爸，给我买一套阿迪达斯的运动服，我们校运动会要穿。”

爸爸听后便问他：“老师要求你们必须都穿新买的阿迪运动服吗?”

王强笑笑说：“老师是没有要求，可到时候肯定很多人都穿着名牌参加，我不想被大家笑话。”

爸爸不信地问：“真的吗?”

王强马上说："当然是真的！今天在学校大家都说开了，说是在校庆运动会上穿什么牌子的衣服，还有个同学特意让他爸从欧洲给他买运动服呢。我就不让您破费飞机票去欧洲，给我买一套阿迪达斯就行。"

如今，在农村地区高中学生之间的"攀比"现象屡见不鲜。据笔者调查，在购买名牌体育用品的学生中，高中生占52%、初中生占44%，而大学生和小学生仅占不到4%。

处于青春期的孩子，在知识经验的不断积累中，世界观、人生观、价值观开始逐步构建，对许多事情已经有了自己的见解，在与同龄人交往的过程中，喜欢做第一，喜欢领头，希望得到大家的认同和喜欢，容易产生与周围其他人比较的心理。

为了得到好的人际关系，盲目攀比的风气已经让许多原来节俭朴实的孩子也不得不加入其中。有些孩子就是怕受到同学的疏远和嘲笑，因而努力地改变自己，缩短与同学的差距。虽然说这个年龄段的孩子喜欢与他人比较是正常现象，但是如果沉迷于与他人攀比吃穿，无疑将对其成长产生不良的影响。因此，身为家长，如果孩子出现了攀比的心理，一定要积极引导，引导好了，就可以转化为进取心，帮助孩子积极进取；如果不加重视，任其发展，孩子心浮气躁，很难脚踏实地，长大后可能喜欢弄虚作假。所以，家长必须采取灵活的教育方式，引导孩子走出盲目攀比的误区。

那么，父母应当怎么做呢？

1. 家长要给孩子树立一个好榜样

每位家长都应该从自身做起，给孩子树立一个好榜样，正确引导孩子的荣辱观、消费观，正确引导孩子的盲目攀比心理。如果家庭条件允许，孩子可以穿名牌。如果家庭条件不允许，孩子进行盲目攀比，不能赞同，家长要进行干预，以免产生不良后果。

2. 培养孩子的自信心

孩子要求得到他人的认同，这本无可厚非，但他们养成奢侈的习惯，盲目比吃比穿却是不可取的，这是孩子心理脆弱的一种典型表现。作为家长，应该多鼓励孩子，适当表扬孩子的优点，培养孩子的自信心。

3. 教育孩子正确认识自己

孩子之所以和他人盲目攀比，也是缺乏自我认识的一种表现。他们缺乏对自己的正确认识，为了获得别人的认同和赞赏而盲目攀比。我们应该帮助孩子正确认识和评价自己，告诉孩子虽然可能在某些方面不如别人，但是在另一些方面却拥有别人不具备的优势。

4. 引导孩子进行正确的攀比

每当孩子觉得吃穿不如别人时，家长就告诉孩子应努力地学习，争取让学习优秀。孩子的主要任务之一是学习，在学习上能独占鳌头是值得表扬，引导和教育孩子把盲目攀比的心理转化成为学习的动力和要求上进的决心。

四、孩子精神压力大，父母有对策

李女士带着女儿到某心理诊所就诊，其女儿小芳就读高三，学习成绩一直名列班级前茅，这让学校老师和父母感到很欣慰，但随着高考的临近，小芳的情绪发生了很大的波动，心情紧张、抑郁，莫名的烦躁令她经常发脾气，甚至产生了厌学的念头。

心理医生认为，性情烦躁、容易发脾气是因为压力大无处宣泄，实际生活中，像小芳的情况在青春期的孩子中很常见。孩子到了青春期，除了要承受身体发育带来的烦恼外，还必须面临残酷的升学竞争，而家长对孩子往往寄予厚望，无形中给了孩子很大的压力，过度的精神压力容易造成孩子情绪消沉、悲观厌世、自我封闭，使得孩子由于身心负担过重，继而产生厌学情绪。

如果青春期的孩子长时间处于这种心理状态，发展下去就会导致一系列心理性疾病的发生，严重的可导致性格变异。

据北京、天津、杭州等地的调查，有16%以上的高中学生存在不同程度的心理障碍，其中精神方面的疾病所占比重最大。这与高中学生心理负荷过重、理想与现实反差大，因而容易产生挫折感、孤独感、自卑感。可见，过度的精神压力给青春期孩子身心健康带来的威胁是明显的、严重的。因此，平时我们在和孩子交流、沟通的时候，一定要了解孩子烦躁的原因，接纳孩子的情绪，确定恰当的引导、教育方法，帮助孩子正确认知信念在情绪产生中的决定性作用，使孩子树立主宰自我情绪、摆脱情绪困扰的信心。

那么，父母应当怎样做呢?

1．父母要转变教育观念

父母应当破除“成功只有上大学一条路”的思想，不要总用“不读书一辈子干苦力”“不好好学习将来没饭吃”等话数落孩子。要认真思考孩子的兴趣爱好，和孩子一起精心设计成才之路，对于存在学习障碍的孩子，要在科学分析的基础上敢于另辟蹊径。

2．帮助孩子解决学习上的困难

有些家长关心孩子的学习情况，只把眼光放在孩子的成绩上，而没有认识到孩子有时候也需要家长的辅导和帮助。有的孩子因为某一个问题没有弄明白，一步没跟上步步跟不上，渐渐失去了学习的信心和兴趣。因此，家长如果想真正关心孩子，就要注意他是否跟得上学习的进度。如果有条件，最好每周都一起和孩子做一次总结，发现问题就及时补上，还可以进行专题辅导。如果孩子在学习上的困难能够得到解决，那学习兴趣就一定能够得到提高。

如果孩子由于学习压力过大，已经明显表现出病态心理和行为，那家长就要积极求教于心理咨询机构的专业人员，在专业人员的指导下给孩子予以科学辅导，积极帮助孩子及时得到治疗。

3．多了解孩子的内心，多对孩子进行鼓励

心理学研究证明，孩子的压力一部分来自学校，更多的是来自于家庭。所以，父母要有正确的成才观，要了解和理解孩子的心理特点，要经常注意了解和观察孩子在做什么、想什么、关心什么，平等与孩子进行沟通和交流，对孩子多一份关心和爱护，少一分训斥和冷漠，多一些理解和支持，少一些专横和反对。要做到这一点，父母需要掌握正确的教育方法，懂得尊重孩子的人格，理解孩子的内心想法，多对孩子进行激励，提高孩子的自尊心和自信心。

4. **重视青春期孩子的心理教育**

父母应对青春期孩子心理健康教育给予足够的重视，以家庭为单位，配合学校做好青春期孩子的心理教育，充分认识培养健全人格、良好情绪和适应能力对孩子的学习活动、掌握知识和技能的重要作用，同时把青春期孩子的心理障碍同思想品德加以区别，采用心理学的方法和技术解决孩子日益增加的心理困扰。

5. **教孩子学会宣泄精神压力**

父母应当告诉青春期的孩子，一个人的健康包括身体和精神两方面。如果自己觉得心理压力过大，就可以去看心理医生，寻找解决良策。当遇到不如意的事情时，可以通过运动、读小说、听音乐、看电影、看电视、找朋友倾诉等方式宣泄自己不愉快的情绪。另外，找个适当的场合大声喊叫或者痛哭一场也是一个不错的方法。

五、带孩子走出自卑低落的情绪

例如，王女士的儿子小明对她说，自从上了高中以后，发现周围有很多学习好、能力强的同学，他每天都担心上课回答问题时会答错，感觉即使尽了最大努力也不能取得像初中时那样的成绩，曾经作为优等生的感觉消失殆尽。不仅如此，他的脸上还长了很多青春痘，总感觉同学，尤其是女同学看他的眼神中有明显的厌恶，这让他越来越害怕照相和参加集体活动，以前很喜欢的演讲比赛也不敢参加。青春期孩子大部分时间都生活在集体中，很容易拿自己和周围的朋友、同学去比，当自己的某一方面不如他们的时候，自卑感油然而生，把这种不如人的想法积压在心中，甚至不愿意与朋友、同学相处。

自卑是青春期容易产生的一种心理障碍，产生的原因很复杂，主要有以下几点：

第一，生理上的原因。一个人相貌、身材、体重、肤色等，都可能导致自卑感的产生。青春期的孩子特别渴望获得社会成员的认可和关注，特别在同伴之间更为突出。

第二，个人生活条件不尽如人意。有的青少年因为家庭经济条件差而感到自己不如他人；有的因为父母职业而感到自卑；有的因为自己没考上重点学校或不是重点班的学生而感到低人一等；有的因为自己家住贫穷的地区而从不在别人面前谈论自己家乡的情况等。

第三，学习成绩不如别人。有些孩子学习成绩差而过分自卑，对自己没有信心，经常为自己成绩或其他方面的不足而苦恼，心理脆弱，有些还会因此而离家出走，甚至会产生轻生的念头，尤其是在考试前后、作业太多或学习遇到挫折的时候。

第四，不能正确认识自己。每个人都有理想的自我和现实的自我。现实的自我又有主观的自我和客观的自我。自己对自己的看法就是主观的自我，别人对自己的看法则是客观的自我。如果对主观的自我评价远低于客观的自我评价，那么这个人就是缺乏自信，他们往往自我认识不足，过低估计自己。当某种能力与缺陷受到周围人的轻视、嘲笑或侮辱时，这种自卑感会大大加强，甚至以不恰当的形式表现出来。

自卑感一旦产生，就会渐渐地蔓延、扩散，从而产生错误的心理状态。一个人如果被自卑感所笼罩和统治，他的精神活动就会遭到严重的束缚，从而使聪明才智和创造能力受到严重的压抑，无法发挥自己的作用。

因此，作为家长，我们应当帮助孩子消除自卑心理，那么具体该怎么做呢？

1. 消除引起自卑感的外部刺激因素

父母要注意不要轻率地评价孩子，尤其不要随意贬低他们的能力或品质，以免损害他们的自尊心和自信心，而要多给正面的评价，即表扬和鼓励。

2. 鼓励孩子以自己的方式追求自我

青春期的孩子都标榜个性张扬、个性解放，他们有自己喜欢的发型、音乐、明星、服装等，有自己的审美眼光。可是父母看不惯孩子的这种表达个性的方式，认为孩子的行为是哗众取宠，无法理解孩子。而实际上，这是孩子内心世界的一种表达，是疏导青春期不良情绪的一种方法，如果家长加以压制，表面上看，孩子会听话、懂事，但实际上，他们会觉得自己落伍、掉队了，自卑心理很容易滋生。例如，别人无意地说一句“你穿的衣服真土”，孩子就会怀疑自己的穿衣品位和审美眼光，有的孩子还会产生郁闷、愤怒等情绪。

3. 引导孩子全面、客观地评价自己

自我评价是一种包含社会行为准则和主观经验的复杂的自我认知，是对自身的思想、能力、水平等方面所作的评价。

评价是多维度的，家长可以指导青春期孩子从以下几个方面对自己进行分析评价：一是学习能力，如观察力、记忆力、思维力、创造力、想象力和实践能力；二是特殊能力，如绘画、音乐、书法、写作、体育运动等；三是学习态度方面，如兴趣、爱好、勤奋、竞争意识和独立性等；四是人品和个性特征，如自我控制和自我调节以及道德品质、理想信念等。家长可以引导孩子自评和他评。

让孩子列举出自己的优缺点，分别写在一张卡片的正反两面，再请其他的同学在另一张纸上列出孩子的优缺点，将两者进行比较，以得出比较客观的结论，并提醒孩子多注意自己的优点，增加自信心。

4. 教孩子采用自卑补偿法

家长应教育青春期孩子在遇到挫折的时候，应多角度辩证地看问题，形成“合理化认识”。譬如，当考试成绩差时，可以强调是考试临场发挥不好或考试环境不利等其他外在原因，以减轻自身的压力。同时要教孩子利用自卑补偿法和转移注意力等心理防御机制以保持心理完整或平衡，认识到某一方面的缺陷和不足可以通过其他方面的完美和丰富进行补偿纠正。

通常可以使孩子从两个方面进行心理补偿：一是以勤补拙。如果某方面的不足，是由于自己努力不够而潜力没有充分发挥，那么就以最大的决心和毅力去使缺陷变为完美。二是扬长避短。如长相平平，就可以用优异的成绩来补偿；学习一般，就可以通过训练，诸如书法、雕刻、绘画、音乐等获得他人所不及的特殊能力。失之东隅，收之桑榆。理智地对待缺陷，寻找合适的补偿目标，从中汲取前进的动力，就能把自卑转化为奋发图强的动力。

5. 鼓励孩子进行积极的自我暗示

心理学家莫顿曾提出“预言自动实现”的原则，认为人们具有一种自动实现预言的倾向。爱默生也认为，在人们心灵的眼睛面前，长期而稳定地放着一幅自我肖像，人们会与它越来越接近。所以，如果人们把自己想象成胜利者，将带来无法估量的力量。

当感到信心不足时，家长要让孩子给自己进行积极的自我暗示，把“别紧张，我也行”“我一定能成功”之类的话写下来，或者大声说出来。

6. 家长对孩子的要求要适当

帮助青春期孩子建立自信，克服自卑，家长的要求要适当，不能苛求孩子。家长对孩子的要求应该与孩子实际的能力和水平相适应。孩子取得成绩时，家长应及时表扬、鼓励，使孩子对自己充满信心。对于平时学习成绩差、考试总不及格的孩子，家长应以关心和安慰的态度，帮助孩子分析错误原因，总结经验教训，给孩子以耐心的指导，一步步地提高孩子的成绩，让孩子看到自己的进步，逐渐树立自信心。

总而言之，培养孩子健康的心理，就是给了他一把走向成功的钥匙，一个人只有拥有健康的心理，才能够有机会收获幸福的人生。农村地区高中生作为一个群体，他们的心理健康是非常值得关注和重视的，学校、老师、家长，甚至整个社会，应该齐心协力，为农村地区高中生的成长保驾护航。